WOLFGANG-EKKEHARD SCHARLIPP

# DIE FRÜHEN TÜRKEN IN ZENTRALASIEN

WOLFGANG-EKKEHARD SCHARLIPP

# DIE FRÜHEN TÜRKEN IN ZENTRALASIEN

Eine Einführung in ihre Geschichte und Kultur



WISSENSCHAFTLICHE BUCHGESELLSCHAFT
DARMSTADT

Einbandgestaltung unter Verwendung einer uigurischen Handschrift
Neil McBeath, Stuttgart.

Die Deutsche Bibliothek – CIP-Einheitsaufnahme

**Scharlipp, Wolfgang-Ekkehard:**
Die frühen Türken in Zentralasien: eine Einführung
in ihre Geschichte und Kultur /
Wolfgang-Ekkehard Scharlipp. –
Darmstadt: Wiss. Buchges., 1992
ISBN 3-534-11689-5

Bestellnummer 11689-5


Gedruckt auf säurefreiem und alterungsbeständigem Werkdruckpapier
Satz: Fotosatz Janß, Pfungstadt
Druck und Einband: Wissenschaftliche Buchgesellschaft, Darmstadt
Printed in Germany
Schrift: Linotype Times 9.5/11

ISBN 3-534-11689-5

*Für Christiane*

# INHALT


Abkürzungen . . . . . . . . . . . . . . . . . IX

Bemerkungen zur Umschrift . . . . . . . . . . . XI

Vorwort . . . . . . . . . . . . . . . . . XIII

Einleitung . . . . . . . . . . . . . . . . . 1

Türkische Vorgeschichte: Skythen, Hunnen – Hsiung-nu . . 5

Das Wort „Türk“ . . . . . . . . . . . . . . . 13

Historische Ereignisse im ersten Reich . . . . . . . 18

Zweites türkisches Reich . . . . . . . . . . . 30

Die alttürkische Kultur in der Steppe . . . . . . . . 45
- Bauliche und schriftliche Hinterlassenschaften . . . . 45
- Religion . . . . . . . . . . . . . . . . 56
- Verwaltung . . . . . . . . . . . . . . . 62
- Sprache und Schrift . . . . . . . . . . . . 67

Die westtürkischen Reiche: Chasaren und Bolgaren . . . 75

Die Uiguren . . . . . . . . . . . . . . . . 81
- Die uigurische Frühgeschichte . . . . . . . . . 81
- Das selbständige Reich der Uiguren . . . . . . . 95
- Die uigurischen Königreiche in Sinkiang und Kansu . . . 105
- Literarische Zeugnisse . . . . . . . . . . . 113
  - Profane Texte . . . . . . . . . . . . . 114
  - Religiöses Schrifttum . . . . . . . . . . . 116

Die wichtigsten Daten der alttürkischen Geschichte . . . 133

Literaturverzeichnis . . . . . . . . . . . . . 135

Sach- und Namenverzeichnis . . . . . . . . . . . 145

# ABKÜRZUNGEN

| | |
|---|---|
| AOF | Altorientalische Forschungen |
| AOH | Acta Orientalia Akademiae Scientiarum Hungaricae |
| AO Havn | Acta Orientalia (Kopenhagen) |
| BSOAS | Bulletin of the School of Oriental and African Studies |
| CAJ | Central Asian Journal |
| ER | Encyclopedia of Religion (Hrsg. Mircea Eliade) |
| JA | Journal Asiatique |
| JRAS | Journal of the Royal Asiatic Society |
| JSFOu | Journal de la Société Finno-Ougrienne |
| MSOS | Mitteilungen des Seminars für Orientalische Sprachen |
| MT | Materialia Turcica |
| PTF | Philologiae Turcicae Fundamenta |
| SEDTF | Sprachwissenschaftliche Ergebnisse der Deutschen Turfan-Forschung |
| SPAW | Sitzungsberichte der Preußischen Akademie der Wissenschaften |
| StOr | Studia Orientalia |
| TDAY | Türk Dili Araştırmaları Yıllığı |
| TP | T'oung Pao |
| UAJb | Uralaltaische Jahrbücher |
| ZDMG | Zeitschrift der Deutschen Morgenländischen Gesellschaft |

## BEMERKUNGEN ZUR UMSCHRIFT

Alle türkischen, chinesischen und anderen Wörter, die bereits Eingang in die deutsche Sprache gefunden haben, werden in der Schreibweise wiedergegeben, in der sie im Deutschen am ehesten anzutreffen sind. Ansonsten folgen chinesische Wörter der Umschrift des Wörterbuches von Wade-Giles.

Türkische Wörter folgen der in der Türkei gebräuchlichen Transkription älterer türkischer Schriftarten. Auf die Unterscheidung von palatalem und velarem *k* wurde dabei verzichtet. Die Schriftzeichen und ihre Aussprache bzw. Schreibung im Deutschen:

*c* = dt. *dsch*
*ç* = dt. *tsch*
*ġ* = in palatalen Wörtern – also zwischen *ä, i, ö, ü,* entspricht es dt. *j*; in velaren Wörtern – also zwischen *a, ı, o, u,* entspricht es einem gutturalen Reibelaut.
*ı* = dunkler *i*-Laut, etwa wie *e* im dt. Wortauslaut
*s* = dt. *ß*
*ş* = dt. *sch*
*y* = dt. *j*
*z* = dt. stimmhaftes *s*

In manchen Namen, die in einer gebräuchlichen Transkription übernommen wurden, entsprechen

*č* = dt. *tsch*
*š* = dt. *sch*

In der modernen türkischen Orthographie entspricht ğ = ġ.

# VORWORT

Das vorliegende Buch ist die leicht überarbeitete Fassung einer Vorlesung, die ich im Sommersemester 1985 und im Wintersemester 1985/86 an der Universität Zürich gehalten habe. Mehrere Gründe haben zu dem Entschluß geführt, sie als Buch herauszugeben.

Zum einen natürlich, daß es bisher keine Einführung in diesen speziellen Bereich in einer der gängigen westlichen Sprachen gibt. Zum anderen ist die schon vorliegende Literatur auf rudimentäres Faktenwissen beschränkt, einfach veraltet oder sie behandelt spezielle Fragen, die zumindest Kenntnisse voraussetzen, wie sie die Einführung liefern soll.

Der kürzlich erschienene Band ›Cambridge History of Inner Asia‹ enthält zwar auch lehrreiche Kapitel über die frühe Geschichte der Türken, geht jedoch mit seinem Gesamtrahmen weit über das hier Beabsichtigte hinaus.

Der in Kürze zu erwartende Band III/1 der ›Philologiae Turcicae Fundamenta‹ wird trotz seines Grundzugcharakters weit über eine handliche Einführung hinausgehen und wendet sich wieder eher an den Fachmann, der bereits bestimmte Vorkenntnisse mitbringt.

Der Umfang der Informationen soll sich also hier in der Mitte zwischen beiden Extremen halten. Auch wurde auf die Erörterung manch strittiger Punkte verzichtet, die dem Verfasser durchaus nicht unbekannt sind. Als ein Beispiel von vielen mag nur die Diskussion über die Frage erwähnt werden, wo der eigentliche Unterschied zwischen den chinesischen Bezeichnungen T'ieh-le und und T'u-chüeh gelegen habe.

Solche Fragen wurden nicht nur wegen des begrenzten Umfangs einer Einführung unberücksichtigt gelassen, sondern auch, weil der Verfasser diese Vorlesung gehalten hat, bevor er als Redaktionsassistent am Entstehen von PTF III/1 von Anfang bis Ende mitgewirkt hat und sich nicht mehr als nötig mit fremden Federn schmücken möchte.

Das war ohnehin kaum zu vermeiden. Zwar habe ich versucht, möglichst viel aus den alttürkischen Inschriften herauszulesen und die Übersetzungen chinesischer und griechischer Quellen kritisch zu benutzen (besonders Chavannes, Liu, Moravczik), aber großen Nutzen habe ich doch aus den zahlreichen Arbeiten gezogen, die in der Literaturliste aufgeführt sind.

Es soll in diesem Zusammenhang noch einmal angemerkt werden, daß es sich hier ursprünglich um eine Vorlesung gehandelt hat. Bei der Fertigstellung des Textes für den Druck habe ich darauf verzichtet, die eine oder andere Passage, die (fast) wörtlich aus einem anderen Werk entnommen sein mag, als Zitat zu bezeichnen. Das wird in der Regel der Fall sein bei: Chavannes, Liu, Moravcsik, Kljaštornyj, Jisl, Eberhard und Pinks (alle Werke sind in der Literaturliste aufgeführt).

Die entsprechenden bibliographischen Angaben der Titel, die in den Lesevorschlägen am Ende der meisten Kapitel genannt werden, finden sich im Literaturverzeichnis.

Zum endgültigen Entschluß, diese Vorlesung nun doch im Druck herauszugeben, hat der glückliche Umstand beigetragen, daß die Herren stud. phil. Volker Adam und Kai Uwe Karl Baumbach (beide Freiburg) bereit waren, das handschriftliche Skript mit kritischer Aufmerksamkeit in den Computer zu geben. Dank schulde ich schließlich meinem Freund Dr. Jens Peter Laut (Marburg), der – ebenfalls mit kritischer Aufmerksamkeit – die Uigurenkapitel durchlas, sowie Frau Andrea Schlor M. A. (Freiburg), die die Transkriptionen der chinesischen Zeichen überprüfte. Herr Dr. H. Eimer, Bonn, war so freundlich, die Übernahme der Karten aus dem Buch von K. H. Golzio ›Kings, Khans, and other Rulers of Early Central Asia‹ (Köln 1984) zu gestatten. Es sei noch darauf hingewiesen, daß von alttürkischen Texteditionen nur diejenigen in die Literaturliste aufgenommen wurden, die über die Textedition hinaus auch Informationen anderer Art enthalten.

# EINLEITUNG

Vielleicht noch vor zehn Jahren hätte der durchschnittlich gebildete Europäer bei dem Begriff „Türke“ ausschließlich an die Türkei gedacht und damit spontan an die islamisch geprägte Kultur dieses Landes. Inzwischen ist es wohl Teil des Allgemeinwissens eines jeden geworden, der sich für Politik und Geographie interessiert, daß Türken nicht nur in der Türkei – zusammen mit verschiedenen ethnischen Minderheiten – leben, sondern daß diese Bezeichnung ein Oberbegriff für eine Vielzahl von Völkern ist.

In verschiedene politische Ereignisse der letzten Jahre, die internationale Beachtung fanden, waren Menschen türkischer Herkunft verwickelt. Erst durch Nachrichten in den Medien wurden sich viele Westeuropäer bewußt, daß Türken eine bedeutende Bevölkerungsgruppe auf dem Balkan stellen. Sodann fielen die Namen verschiedener Volksgruppen im Süden der ehemaligen Sowjetunion: Özbeken, Turkmenen, Aserbaidschaner usw., von denen man allerdings eher wahrnahm, daß es sich um eine islamische Bevölkerung handelte. Bezüglich ihrer ethnischen, nämlich türkischen Identität ist noch immer ein gewisser Informationsmangel zu konstatieren. Nun stimmt es ja, daß auch die türkischen Kulturen Zentralasiens seit Jahrhunderten vom Islam geprägt sind, und so ruft es meist großes Erstaunen hervor, wenn man in bezug auf die türkischen Völker Eurasiens auch andere Religionen erwähnt. So sind die Jakuten, ein türkisches Volk, das ganz an der Peripherie des türkischen Siedlungsbereiches, vornehmlich entlang der Lena bis in deren Mündungsbereich am Nordpolarmeer lebt, nie islamisiert worden. Die Karaimen, ein Volk, das der Nordwestgruppe oder Kiptschakgruppe zuzuordnen ist und deren Siedlungsbereich sich bis nach Polen und Litauen hinein erstreckt, sind vorwiegend Juden, die auch die hebräische Schrift benutzen. Immer größer wird dann das Erstaunen, wenn die Rede von einer türkisch-buddhistischen Kultur ist. Und das ist nicht verwunderlich. Wird doch sogar in einer vielgelesenen Darstellung der Geschichte Zentralasiens – von einem Islamkundler geschrieben – diese Kultur auch nur als historischer Faux-pas dargestellt. Die über 500jährige vorislamische Geschichte der Türken wird zwar von einigen türkischen Fachwissenschaftlern durchaus gewürdigt, vor allem von

Philologen und Linguisten, wird aber gerade von Historikern – aus welchen Gründen auch immer – in diese oder jene Richtung zurechtgebogen.

Das ist z. B. auch der Fall bei den Hunnen, die mit großer Selbstverständlichkeit als Türken angesehen werden, obwohl dies keineswegs bewiesen ist. Wahrscheinlich ist lediglich, daß Teilstämme des riesigen Stammesverbandes türkisch sprachen. Das betrifft ebenso die Darstellung der religiösen Vorstellungen der alten Türken, denen teilweise die Praktizierung des Schamanismus abgesprochen, dafür teilweise gar ein Monotheismus zugesprochen wird, der die Türken in die Lage versetzen sollte, später dem Islam sein wahres, endgültiges Gesicht zu geben.

Der Buddhismus war jedoch schon den Türken im ersten türkischen Reich (552–585/630) bekannt, er kam bei den Uiguren in der Zeit der uigurischen Stadtstaaten vom neunten Jahrhundert an zu einer Blüte, die wir erst heute mehr und mehr begreifen können, und hat auch nach der fast vollständigen Islamisierung Ost-Turkestans im 15. Jahrhundert in Kansu noch bis offenbar ins 18. Jahrhundert hinein fortgelebt.

Aber auf diese historischen Aspekte wollen wir erst etwas später zurückkommen. Wir wollen nur noch eine Tatsache erwähnen, die manchem eher als ein Kuriosum erscheinen mag. Es gibt ein türkisches Volk, das dem Buddhismus bis in die neueste Zeit treu geblieben ist, die Gelbuiguren oder, wie sie sich nennen, Sari Yoġur in Kansu. Die Sari Yoġur sprechen heute nur noch zu einem geringen Teil, etwa 10000 Menschen, ihre türkische Sprache, andere sprechen chinesisch, tibetisch oder mongolisch.

Das erste Mal begegnen wir in der Geschichte Stämmen und Stammesföderationen, die in dem ethnischen und sprachlichen Sinne, der diese Bezeichnung heute für uns hat, eindeutig türkisch sind, im östlichen Zentralasien, im wesentlichen in der Gegend, die die heutige Mongolei ausmacht, und zwar in der ersten Hälfte des sechsten Jahrhunderts, kurz bevor der Stamm der Türk, dessen Name später einmal der Oberbegriff für alle türksprachigen Völker werden sollte, das erste türkische Reich dort gründete.

So werden wir uns auch zunächst mit Geschehnissen befassen, die sich in der Hauptsache in diesem östlichen Teil Zentralasiens abspielen, bevor wir uns den Türken im westlichen Zentralasien zuwenden, nachdem deren Geschichte beginnt, eigene Wesenszüge anzunehmen.

Einem späteren Kapitel soll es allerdings vorbehalten bleiben, über Zentralasien hinaus zu blicken und einiges zu den türkischen Stammesverbänden zu sagen, die um die gleiche Zeit wie die Ost-Türken, und teilweise schon vorher, in Südwestasien und im südlichen Europa anzutreffen sind, aber dort nie so mächtige und ausgedehnte Reiche gründen konnten wie ihre östlichen Verwandten.

Zunächst wollen wir uns einmal den geographischen Raum ansehen, der uns interessiert. Die Grenzen Zentralasiens geographisch zu definieren ist nicht leicht und sicherlich auch eine Frage der subjektiven Auffassung. Natürliche Grenzen gibt es kaum, lediglich im Süden, wenn man die Gebirgsketten des Pamir, Karakorum und Himalaya als solche wertet. Nach Osten wie nach Westen setzen sich die zentralasiatischen Steppen fort, im Westen bis weit hinein nach Europa, das nördliche Schwarzmeergebiet und weiter bis nach Ungarn. Im Norden geht die Steppenlandschaft allmählich in Taiga und Tundra über.

Leichter fällt es uns, Zentralasien vom kulturellen und kulturhistorischen Standpunkt aus als Einheit zu bestimmen. Seine Kultur ist geprägt vom nomadischen Dasein seiner Bewohner. An seinen südlichen, südwestlichen und westlichen Rändern liegen die Zentren der alten Hochkulturen der Chinesen, der indischen Welt und der Iraner. Daß auch diese Grenzen durchaus nicht stabil und statisch im Sinne heutiger politischer Grenzen waren und wie sehr sich die seßhaften und nicht-seßhaften Kulturen gegenseitig beeinflußt haben, wird auch Gegenstand dieses Buches sein.

Wir wollen uns in der nun folgenden kurzen geographischen Beschreibung auf die Gegenden beschränken, die uns hier interessieren, d. h. diejenigen, über die sich der türkische Machtbereich in der Zeit der ersten Reiche erstreckte.

Zentralasien macht zwar zu einem großen Teil der eurasiatische Steppengürtel aus, aber nichtsdestoweniger ist die Landschaft in diesem riesigen Gebiet recht vielseitig. Eine Reihe von Gebirgszügen durchschneidet Zentralasien von Südwesten in nordöstlicher Richtung. Vom Hindukusch angefangen, über den Pamir, den Tien-Shan, Altai, das Sayangebirge, Yablonvi und Stavony.

Nordwestlich der drei erstgenannten, also Hindukusch, Pamir und Tien-Shan, erstreckt sich das weite, trockene Gebiet Westturkestans, das im Norden in die sibirische Taiga, im Westen in das Wolga-Basin und das Steppenland am Schwarzen Meer übergeht und im Süden vom iranischen Hochplateau durch das Elbrus-Gebirge getrennt ist. Außer entlang den Flußläufen und höheren Gebirgszügen ist der größte Teil dieses Gebietes Wüste oder Halbwüste im Süden, Steppe im Norden.

Bewaldet sind dagegen die Berghänge und Täler der Berge, die die südöstliche Grenze bilden, die sich auch als Weideland eignen.

Im Südosten der Gebirgskette liegen Ost-Turkestan oder Chinesisch-Turkestan, das mongolische Plateau und weiter östlich die Mandschurei, die wir aber in unsere Betrachtung nicht einbeziehen wollen. Das Tien-Shan-Gebirge teilt – in west-östliche Richtung verlaufend – Ost-Turkestan, das heutige chinesische Sinkiang, in zwei Gebiete: im Süden das Tarim-Becken, im Norden die Dzungarei.

Das Tarim-Becken ist ein tiefliegendes Gebiet, das von Bergen umgeben ist, dem Pamir im Osten und dem Altin Taġ im Süden. Ein großer Teil der Wasserversorgung erfolgt durch das von diesen Bergen kommende Schmelzwasser. Dort ist begrenzt Viehhaltung möglich, sowie in unmittelbarer Umgebung der Flüsse, besonders des Tarim-Flusses und der Oasen. Den größten Teil des Tarim-Beckens macht die Takla-Makan-Wüste aus, eine extrem trockene Sandwüste.

Die Dzungarei, nördlich des Tien-Shan, ist offen nach Osten und Westen und hat ein etwas feuchteres Klima als das Tarim-Becken. Die nördlichen Hänge des Tien-Shan und die südlichen des Altai eignen sich gut für Viehzucht und teilweise auch Ackerbau.

Sinkiang ist die meerfernste Gegend ganz Asiens, etwa zweieinhalbtausend Kilometer von den nächsten Meeren.

Die Mongolei wird umgeben vom Altai im Süd-Westen, dem Sayan- und Yablonvi-Gebirge im Norden und dem Chingan-Gebirge im Osten. Etwa zwei Drittel der Mongolei macht karges Hochplateau aus. Gutes Weideland dagegen geben die Nordhänge der Berge ab, wo man Waldgegenden findet.

# TÜRKISCHE VORGESCHICHTE: SKYTHEN, HUNNEN – HSIUNG-NU

Bevor wir uns den ersten Stämmen zuwenden, die wir mit Sicherheit als Türken bezeichnen können, ist es angebracht, einige Sätze über die Zeit vor ihrem ersten Auftauchen zu sagen. Denn die Türken bringen keine neuen, einzigartigen kulturellen oder politischen Eigenschaften mit, sondern sind Träger einer Kultur und eines sozialen und politischen Systems, das mehr oder weniger allen nomadisierenden Steppenbewohnern des oben definierten Gebietes zu eigen ist.

Die Kimmerer, deren Name am Anfang der Geschichte der eurasiatischen Steppe genannt werden muß und die von etwa 1200 v. u. Z. bis ins achte vorchristliche Jahrhundert die südrussische Steppe besiedelten, sollen hier nur insoweit erwähnt werden, als ihre Bronzeschmiedekunst, deren Hauptmerkmal eine fortschreitend stilisierte Tierornamentik ist, zu dieser Zeit sich auch in Westturkestan ausbreitet.

Auch mit dem zweiten Volk, den Skythen, halten wir uns noch westlich des Raumes auf, in dem die türkische Macht sich entwickeln sollte. Die Skythen, die uns aus iranischen und indischen Quellen auch unter dem Namen Saka bzw. Śaka bekannt sind und deren Heimat im ersten Jahrtausend v. u. Z. wohl in der Gegend des Tien-Shan zu suchen ist, wanderten etwa in der zweiten Hälfte des achten Jahrhunderts vor Chr. in das Gebiet der Kimmerer ein, wo sie sich vielleicht mit ihnen vermischten. Sie scheinen die ersten gewesen zu sein, die für den Kampf das gesattelte Pferd dem Kampfwagen vorzogen und mit ihrer Strategie des überraschenden Angriffs und des ebenso unerwarteten Rückzugs sogar Darius I. zermürbten, der sie um 515/514 v. u. Z. in Südrußland zu stellen suchte. Der griechische Historiker Herodot (gest 425 v. u. Z.), dem wir eine ganze Reihe von Informationen über die Skythen verdanken, berichtet u. a. über ihren Brauch, sich bei Tauerfeierlichkeiten das Gesicht zu zerschneiden: ein Brauch, den wir später noch bei Türken und Mongolen finden werden. Gehörten die Skythen auch der indoeuropäischen Völkerfamilie an, so ähnelt ihre Lebensweise doch der der wohl zunächst altaischen Hunnen, die in den chinesischen Quellen als Hsiung-nu bezeichnet werden und die einige tausend Kilometer weiter östlich zur gleichen Zeit begannen, die Steppe zu beherrschen (auf die Bezeichnung Hunne werden wir später noch zurückkommen). Sicherlich waren es die gleichen von der Natur vorgegebenen Bedingungen, die zu einer ganzen Anzahl gemeinsamer Bräuche in der Lebensweise dieser Reitervölker, zu der Hose und Stiefel gehörten im Gegensatz zum Rock, der bei den Völkern im Westen und Süden der Steppe üblich war.

Die Hunnen begegnen uns namentlich als Hsiung-nu in der chinesischen Geschichtsschreibung zum ersten Mal um 230 v. u. Z., wenn auch davon ausgegangen werden darf, daß sie den Chinesen schon einige Zeit vorher bekannt waren. Sie spielten im Osten eine ähnliche Rolle wie die Skythen im Westen. Schon vor ihrer namentlichen Erwähnung wirkte sich sicher ihr Einfluß auf die Lebensweise, insbesondere aber – und zunächst – auf die Kriegführung der nördlichen chinesischen Königreiche in der sogenannten Zeit der „streitenden Reiche" aus (481–256 v. u. Z.).

Diesem Punkt wird vor allem von den bekannten Sinologen bzw. Soziologen Wolfram Eberhard und K. A. Wittfogel eine besondere Bedeutung für die Geschichte Chinas beigemessen. Damals wurde nämlich neben den schwerfälligen Kampfwagentruppen eine bewegliche Kavallerie eingeführt, und man darf wohl annehmen, daß aufgrund der praktischen neuen Anforderungen sich auch die Kleidung änderte, d. h. die schon erwähnte Hose sich durchzusetzen begann. Von besonderer Bedeutung für die Mobilität und damit Effektivität der Kavallerie aber war die Einführung des Steigbügels, die von Wittfogel gar als eurasische Kavallerie-Revolution bezeichnet wird. Und eben jene beängstigende Mobilität der hunnischen Truppen veranlaßte den chinesischen Kaiser Shih Huang-ti, den sogenannten Einiger Chinas und Begründer der Ch'in-Dynastie, der von 221–210 v. u. Z. herrschte, die erste große Mauer erbauen zu lassen.

Die Regierungszeit des Shih Huang-ti fällt ungefähr mit der Regierungszeit des Gründers der Hsiung-nu-Macht, T'ou-men, zusammen. Dieses von T'ou-men gegründete Hsiung-nu-Reich ist das erste zentralasiatische Steppenimperium, über das uns recht detaillierte historische Beschreibungen vorliegen, nicht zuletzt durch den ersten großen chinesischen Historiker Szu-Ma Chien, der um 85 v. u. Z. starb. Einiges von dem, was er über die Hsiung-nu zu berichten weiß, erinnert stark an Herodots Darstellung skythischer Eigenschaften. So hebt auch er die besondere Mobilität der hunnischen Krieger hervor, ihre raschen Angriffe und die Rückzüge, die erfolgen, sobald der erste Schwung gebrochen ist.

Die große Versuchung, die die chinesischen Reichtümer auf die

Hsiung-nu ausübten, sollte auch späterhin bei anderen Stämmen nicht ohne Wirkung bleiben. Gerade sie war es aber, die nicht unwesentlich zur Staatenbildung in der Steppe beigetragen hat. Nach Eberhard ging es dabei allerdings zunächst einmal gar nicht um die Anhäufung materiellen Überflusses, wie die folgende kurze Ausführung zeigen soll. Historisch stehe am Beginn einer nomadischen Stammeskonföderation, die wir umgangssprachlich gern mit einer ethnischen Bezeichnung belegen, der einzelne Stamm. Wir wissen heute, daß auch in ältester Zeit diese Nomadenstämme im Sommer einen begrenzten Anbau von Getreide betrieben, um die Ernährung im Winter, wenn die Milcherzeugung nachließ oder ganz wegblieb, gewährleisten zu können. Wenn es auf den Sommer zuging, schlossen sich zum Zug auf die Sommerweiden in den Bergen oft mehrere Stämme zusammen, was Anlaß zu Festlichkeiten an bestimmten heiligen Orten, vor allem Bergen, gab. Dadurch bildeten sich kleine und noch recht lose Stammesgruppen. Die an den Rändern der agrarisch existierenden Hochkulturen nomadisierenden Stammesverbände erkannten bald, daß die Agrarprodukte, die sie zum Leben benötigten, durch Tauschhandel mit ihren agrarischen Nachbarn leichter zu beschaffen waren. Diese Art Symbiose barg allerdings eine latente Krise in sich: Da der Agrarstaat nicht in gleicher Weise auf die Viehprodukte der Nomaden angewiesen war wie diese auf die pflanzlichen Produkte für die Winternahrung, konnte die agrarische Gesellschaft durch eine Preissteigerung oder gar Verweigerung der Lieferung die nomadischen Stämme dazu herausfordern, sich das, was sie brauchten, mit Gewalt zu nehmen. Eberhard meint zudem, daß erschwerend hinzukam, daß den Nomaden bei Nicht-Zurückzahlung von Krediten Weideland abgenommen wurde und sie somit auf Grund ganz elementarer Lebensbedürfnisse sich gezwungen sahen, sich dieses mit Gewalt zurückzuholen. Da diese gewaltsamen Aktionen erfolgreich waren – und das waren sie wegen ihrer größeren Mobilität fast immer –, waren sie versucht, auf den vorhergehenden Warenaustausch ganz zu verzichten und ihr Überleben nur noch durch militärische Aktionen abzusichern.

Das Interesse an einer endgültigen Unterwerfung des Agrarstaates war vorhanden, sobald der Führer eines Stammes oder eines kleinen Stammesverbandes erkannte, damit für immer das Nahrungsmittelproblem gelöst zu haben. Regelmäßige Übergriffe auf die Agrarstaaten scheinen aber die Schaffung eines stets zur Verfügung stehenden Heeres erfordert zu haben.

Dies aber führte dazu, daß Anführer einzelner Verbände sich veranlaßt sahen, andere Stämme oder Verbände durch Kampf unter ihre Oberherrschaft zu zwingen. Die im Kampf unterlegenen Stämme oder Verbände gerieten dadurch in eine vom Führerstamm abhängige Position, die Stämme bzw. Verbände, die sich dem Führungsverband freiwillig anschlossen, wurden als demokratisch gleichwertige Genossen in die Diskussion über anstehende Unternehmungen einbezogen. Das gemeinsame Ziel dieses nun entstandenen Nomadenstaates, das das Gefüge zusammenhielt, war die Unterwerfung des agrarischen Gegners. Die Sonderstellung des Kernstammes aber war damit abhängig vom Erfolg oder Versagen des Führers und der Unsicherheit, die beim Wechsel des Führers entstand. Sobald der Agrarstaat unterworfen war, war eine der Lösungen, diesen Staat zu beherrschen, daß die Nomaden sich als Herrscherschicht über die Agrarbevölkerung legten, was aber durch die zahlenmäßige Unterlegenheit der Nomaden zu einer raschen Assimilation führte. Sobald sie auch die zivile Verwaltung der Unterworfenen übernehmen wollten, waren sie auch zur Annahme von deren Sprache gezwungen, was natürlich die Eingliederung in die neuen kulturellen Gefüge nach sich zog. Die dazukommenden Mischehen, die für die Nomaden ohnehin selbstverständlich waren, da in dieser Hinsicht ethnische Probleme für sie nie relevant waren, taten innerhalb weniger Generationen ihr übriges zur Assimilierung.

Die Beseitigung dieser Oberschicht war später bei eventuellen Aufständen kein großes Problem mehr, da sich diese gegen die Führung überhaupt, nicht aber gegen eine Führung fremden ethnischen Ursprungs richteten.

Dieses Wechselspiel zwischen Nomaden und agrarischen Hochkulturen hat jahrtausendelang den Rhythmus der Geschichte Asiens bestimmt.

Ich habe in der Ausführung über die nomadische Staatenbildung die Auffassung W. Eberhards übernommen. Sie scheint auch aus dem Blickwinkel des Nicht-Sinologen – in diesem Falle des Turkologen – sehr plausibel zu sein. Was die Staatenbildung in der Zeit der türkischen Macht betrifft, werden wir aber sehen, daß sie mindestens in einem Punkt von dem Prozeß der Staatenbildung ihrer Vorgänger abweicht: Die türkischen Herrscher haben – bis auf eine Ausnahme – anscheinend nie die Absicht gehabt, ihre chinesischen Nachbarn ganz zu unterwerfen. Wir werden daher bei der Behandlung der frühtürkischen Geschichte auch nicht die Ergebnisse bestätigt finden, zu denen Wittfogel, Feng und Menges bei ihrer Erforschung der nordostchinesischen Liao-Dynastie (907–1125) gekommen sind.

Der Nachweis, der hier dafür erbracht werden konnte, daß die Kitan, die offenbar mongolischen Begründer der Dynastie, lange Zeit ihre ethnische und kulturelle Identität auch in ihrer Herrscherposition beibehalten hatten, ließ diese Wissenschaftler zu dem Schluß kommen, die Assimilationstheorie widerlegt zu haben.

Meines Erachtens aber ist dies entweder eine Ausnahme oder überhaupt nur eine Frage der Dauer. Darauf weisen mehrere Fakten hin, wie z. B. die Übernahme von Titeln, der Austausch von praktischen Verhaltensweisen, Lebensgewohnheiten und darüber hinaus die Tatsache, daß Einzelheiten der Denkweise wie der Weltanschauung gar nicht mehr auf einen bestimmten Ursprung zurückzuführen sind.

Dieser Wechselwirkung werden wir in der türkischen Geschichte begegnen, obwohl die Türken in der Zeit nach 552, die später eingehender zu behandeln sein wird, meist nicht einmal den Anspruch erhoben, China zu erobern, und dies ja in der Tat auch nie – auch nicht nur teilweise – getan haben.

Aber auch dann, wenn China nicht erobert wurde, gerieten die Chinesen dabei nicht selten in eine Situation, die durch den Austausch materieller Güter und die Verheiratung chinesischer Prinzessinnen mit Herrschern sogenannter barbarischer Völker fast schon an ein tributäres Abhängigkeitsverhältnis erinnert. So gab es zu Szu-Ma Chiens Zeiten eine Vereinbarung darüber, daß die Chinesen dem Shan-yü, dem Herrscher der Hsiung-nu, jährliche Lieferungen von Gold, Seide, Getreide und anderen Materialien zu schicken hatten.

Der stärkste Feind der Hsiung-nu außerhalb Chinas war ein nomadisches Volk, das ihnen in mancher Hinsicht ähnlich war und möglicherweise identisch ist mit den Tocharern: die Yüeh-chih, die im westlichen Kansu siedelten. Um 177 v. u. Z. brachte Mao-Tun, der Nachfolger T'ou-mens, den Yüeh-chih eine erste schwere Niederlage bei, die die Spaltung der Yüeh-chih zur Folge hatte. Eine Gruppe, die dann unter dem Namen „Kleinere Yüeh-chih" bekannt wurde, zog südwärts, während der größere Teil in Richtung Westen, nach Baktrien, zog, dem Ta-hsia der chinesischen Quellen.

Durch die Abwanderung der Yüeh-chih blieben die Hsiung-nu die unbestrittene Macht in der Mongolei und wohl auch in ganz Ost-Turkestan. Dieses Ereignis kann auch deshalb als von durchaus welthistorischer Bedeutung angesehen werden, da durch die Yüeh-chih das letzte griechische Königreich in Zentralasien, nämlich das des Heliokles in Baktrien, zerstört wurde, darüber hinaus wohl die Ursache für die Eroberung Nordindiens durch die Saken war und dadurch dieses ganze Gebiet mehr in das Bewußtsein der Chinesen geriet als zuvor.

139 v. u. Z. suchte der chinesische Herrscher Wu-ti der Han-Dynastie eine Allianz mit den Yüeh-chih gegen die Hsiung-nu herzustellen, die jedoch nicht zustande kam. Nichtsdestoweniger nahmen in dieser Zeit nicht nur die diplomatischen, sondern auch die wirtschaftlichen Kontakte Chinas zu seinen westlichen Nachbarn zu. Das Problem, das die Hsiung-nu für China darstellten, sollte sich bald von selbst lösen. Wegen der Rivalität zwischen zwei Thronanwärtern der Hsiung-nu suchte einer Schutz bei den Chinesen und unterstellte sich ihrer Oberherrschaft. Mit chinesischer Hilfe konsolidierte er seine Macht in der Mongolei, während der andere nach Westen zog. 36 v. u. Z. starb dieser im Kampf gegen die Chinesen.

Einige Historiker sind der Ansicht, daß es diese westlichen Hsiung-nu waren, die ungefähr 400 Jahre später unter dem Namen Hunnen in Europa auftauchen sollten. Dies ist jedoch historisch ebensowenig abgesichert wie überhaupt ihr Herrschaftsgebiet nach der Teilung.

Nach einer nur kurzen Wiedererstarkung der in der Mongolei verbliebenen Hsiung-nu zerbrach ihr Reich 48 n. u. Z. in zwei Teile. Ein neuer Herrscher, P'u-nu, wurde nicht von allen Stämmen der Hsiung-nu als Shan-yü anerkannt. Acht Stämme unterwarfen sich China und wurden in die Ordos-Region umgesiedelt. Diese sogenannten südlichen Hsiung-nu sind für die chinesische Geschichte deshalb von besonderem Interesse, weil sie, nachdem sie zum Einschreiten in die Rivalitäten der westlichen Chin-Dynastie aufgefordert worden waren, die Hauptstadt Lo-yang eroberten und dort eine Hsiung-nu-chinesische Dynastie gründeten, die frühe Chao-Dynastie. In ihrem Zuge entstanden weitere kleine Hsiung-nu-Dynastien. Zu dieser Zeit waren die stärksten Feinde der Hsiung-nu nicht mehr die Chinesen, sondern eine andere Macht aus dem Norden, die Hsien-pi, deren ethnische Zusammensetzung unbekannt ist.

Die nördlichen Hsiung-nu, die in der Mongolei geblieben waren, sollten keine große Rolle mehr spielen. Während der Herrschaft des chinesischen Kaisers Ming-Ti begann General Pan-Ch'ao die Eroberung Zentralasiens. Zur Zeit seines Todes (102) hatte er die chinesische Macht im Tarim-Becken gefestigt, und chinesische Einflüsse machten sich bis in das kusanische Reich der Yüeh-chih bemerkbar.

Die Chinesen arbeiteten dabei mehr und mehr mit den Hsien-pi zusammen, die den Hsiung-nu 92 eine schwere Niederlage beibrachten. Um 155 erreichte die Macht der Hsiung-nu in der Mongolei ihr Ende.

Die Hsien-pi, die aus dem mongolisch-mandschurischen Grenzgebiet kamen und über deren ethnische Zusammensetzung wir ebensowenig wissen wie über die der Hunnen, leiteten in der Mongolei ein

Machtvakuum für ungefähr 250 Jahre ein. Ihre wenig erfolgreichen Versuche, sich Chinas zu bemächtigen, dürften aus denselben Motiven erfolgt sein, die schon für ihre nomadischen Vorgänger und Nachfolger ausschlaggebend waren.

Eine weitere Stammeskonföderation, die T'o-pa, gelangte um 260 im Norden von Shansi, nördlich der großen Mauer, zur Macht. Wenn Grousset von ihnen sagt, daß sie sicherlich türkischer Herkunft waren, kann das nur heißen, daß die meisten Stämme dieser Föderation türkisch waren, nach Eberhard etwa 60%. 35% waren Mongolen, mindestens zwei Stämme sollen Tungusen und einer indogermanisch gewesen sein. Als türkisch kann man die T'o-pa deshalb nur deswegen bezeichnen, weil wohl auch der Führerstamm oder Kernstamm türkisch war, der Stamm also, in dessen Hand die politische Macht lag. Die T'o-pa hatten bis zum Ende des vierten Jahrhunderts ihre Macht über Shansi und Hopei bis zum Huang-ho, dem gelben Fluß, ausgedehnt und gründeten dort die Dynastie Nord-Wei: ein Ereignis, das in einer Einführung in die türkische Geschichte schon deshalb nicht fehlen darf, weil – bis auf eine kurze Periode der Verfolgung – der Buddhismus sich der Beliebtheit der T'o-pa-Herrscher erfreute, was, wie wir später noch sehen werden, nicht ohne Einfluß auf die Entwicklung der türkischen Kultur in diesem Raum war. Das türkische Wort für T'o-pa, Tavġač, dem wir bereits in den Runeninschriften begegnen, bezeichnet zu jener Zeit China insgesamt, und es ist angeblich dieses Wort, das wir später im Arabischen als Tamġağ oder im Griechischen als Taugast wiederfinden.

Die weitere Geschichte der T'o-pa, besonders nach ihrer Teilung in die Zweige Ost-Wei (Tung-Wei) und West-Wei (Hsi-Wei), ist chinesische Geschichte, und so greifen wir zeitlich etwas zurück und interessieren uns für die Vorgänge in der Mongolei, die ja der Ausgangspunkt für die Entstehung der türkischen Macht werden sollte. Dort breitete sich zunächst von etwa 400 n. u. Z. an die Macht der Juan-Juan oder Jou-jan aus: eine Großkonföderation, von der wir annehmen, daß sie vorwiegend altaisch war. Ihre Beziehung – wenn man das so nennen darf – zu den T'o-pa war die übliche, oben dargestellte zwischen Nomaden und Seßhaften, so daß sich militärische Schläge und Gegenschläge abwechselten – ohne daß der eine dem anderen eine vernichtende Niederlage beibringen konnte – bis 520 bei den Juan-Juan ein Thronstreit dazu führte, daß zunächst der unterlegene A-na-kuei und kurz darauf auch der überlegene Po-lo-men wegen eines Angriffs der offenbar türkischen Kao-che Zuflucht bei den Chinesen, also T'o-pa, suchen mußten.

Die Chinesen griffen zu dem allseits beliebten Trick des Divide et impera und verhalfen beiden Juan-Juan-Herrschern zur Macht. A-na-kuei überließen sie das östliche Gebiet um das Yin-shan-Gebirge, nördlich des großen Bogens des Huang-ho, und Po-lo-men das Gebiet weiter westlich am Koko-nor. Po-lo-men, der damit nicht zufrieden war, suchte um Unterstützung bei den Ye-ta oder Hephtaliten in Transoxanien nach. Er wurde daraufhin von den Wei gefangengenommen und starb unter ungeklärten Umständen. Die Kao-ch'e, die sich die Streitigkeiten unter den Juan-Juan zunutze machen wollten, versuchten 546 erneut, sich von der Oberherrschaft der Juan-Juan zu befreien, wurden aber von dem Stamm der T'u-chüeh, der uns später als Türk begegnen wird, daran gehindert, da diese A-na-kuei warnten. Die Bitte oder Forderung ihres Führers T'u-men um die Hand einer Tochter A-na-kueis – wohl als Zeichen der Dankbarkeit – wurde von diesem abgeschlagen, anscheinend mit der Begründung, daß es unangemessen sei, dem Stamme, der der Föderation als Schmiedesklaven diente, eine Prinzessin auszuliefern. T'u-men, der diese Beleidigung wohl nicht hinnahm, wandte sich nun erfolgreich mit der gleichen Bitte an die West-Wei, einem Nachfolgestaat der Nord-Wei. Anscheinend ermutigt und im Selbstbewußtsein gestärkt, kam es nun zur offenen Revolte der Türk gegen die Juan-Juan.

*Lesevorschläge:*

Veröffentlichungen zu Skythen und Hunnen sind sehr zahlreich. Viele schließen die Hsiung-nu ein. Zu einer schnellen Information über die Fakten eignet sich nach wie vor GROUSSET, der diese Völker in den ersten Kapiteln behandelt. SINORS (1969) Ausführungen sind noch knapper.

Eine sehr ausführliche und informative Darstellung der Kimmerer, Skythen, Sarmaten, Hunnen und Hsiung-nu findet sich im ›Handbuch der Kulturgeschichte‹, im Band ›Die Kultur der eurasischen Völker‹ von WIESNER u. a.

BRENTJES (1988) bietet eine wertvolle Einführung in die kulturellen Wanderbewegungen des frühgeschichtlichen Zentral- und Nordasien. Zahlreiche Karten, Fotos und Zeichnungen veranschaulichen das in Worten Dargelegte.

# DAS WORT „TÜRK“

Namen türkischer Stämme begegnen uns in der chinesischen Geschichtsschreibung sicherlich schon vor der chinesischen Wiedergabe der Eigenbezeichnung Türk im sechsten Jahrhundert durch die Zeichen, deren heutige Aussprache etwa *t'u chiö* ist. Dies aber ist die einzige Bezeichnung, die wir mit Sicherheit einem bestimmten türkischen Stamm bzw. einer Föderation zuweisen können. Über weitere Bezeichnungen gehen die Meinungen der Fachleute oft weit auseinander, wie in so vielen anderen Punkten unseres Gebiets. Auf einige dieser Probleme werden wir gleich zu sprechen kommen. Bekanntlich ist es schwierig, mit Hilfe der chinesischen Sprache Wörter anderer Sprachen lautlich äquivalent nachzubilden, da das Chinesische dies nur mit dem begrenzten Vorrat seines Silbeninventars tun kann, so daß eine Silbe gefunden werden muß, deren Lautwert wenigstens annähernd dem Lautwert der Silbe in der anderen Sprache entspricht. Dies wirft aber für uns verschiedene Probleme auf. Ich will die drei wichtigsten nennen:

1. Es gibt und gab im Chinesischen Dialekte, die sich oft sehr voneinander unterscheiden, so daß möglicherweise ein Nordchinese ein anderes Schriftzeichen gebrauchte als ein Südchinese, um ein und denselben fremdsprachigen Lautwert wiederzugeben.

2. Die phonetische Struktur dieser Dialekte veränderte sich recht schnell, schneller z. B. als diejenige der türkischen Sprachen, so daß sogar in derselben Gegend ein anderes Zeichen in der Zeit der Han-Dynastie 206 v. u. Z.–220 n. u. Z. benutzt werden konnte als einige Jahrhunderte später, z. B. in der Zeit der T'ang-Dynastie 618–906 n. u. Z., für das gleiche Lautgebilde aus der fremden Sprache.

3. Die Stammesnamen für Fremdstämme, die die Chinesen benutzten, müssen nicht unbedingt in allen Perioden von der ethnischen Zuordnung her eindeutig sein, denn so wie in griechischen Quellen die Bezeichnung Skythe für verschiedene „barbarische“ Stämme stehen kann, die nicht einmal unbedingt eine indogermanische Sprache gesprochen haben müssen, kann die chinesische Bezeichnung Hsiung-nu, die heute allgemein mit den Hunnen identifiziert wird, durchaus „barbarische“ Stämme verschiedener ethnischer Abstammung bezeichnen, geschweige denn die völlig undifferenzierte Bezeichnung

Hu, die allgemein den Barbaren bezeichnet; ganz abgesehen davon konnte sich – wie wir schon gesehen haben – die ethnische Zusammensetzung einer Stammeskonföderation im Laufe der Zeit erheblich verändern und trotzdem ihr Name erhalten bleiben.

Wir wollen uns aus diesen Gründen auf einige Gedanken zu der chinesischen Bezeichnung *t'u-chüeh* beschränken, die wir als erste mit Sicherheit mit einer türkischen Eigenbezeichnung identifizieren können.

Daß die chinesische Bezeichnung *t'u-chüeh* die türkische Eigenbezeichnung *türk* im Sinne einer ethnischen Identifizierung wiedergibt, ist nie bestritten worden. Auseinandersetzungen hat es aber darüber gegeben, ob das chinesische Wort eben das Wort *türk* oder einen angeblichen Plural *türküt* wiedergibt. Heute hat sich allgemein letztere Auffassung durchgesetzt, oder sollen wir sagen, man hat begonnen, sie unkritisch zu übernehmen, ohne sich noch mit dem Ursprung der gegensätzlichen Meinungen auseinanderzusetzen, so daß heute die ersten türkischen Reiche und die damals gesprochene Sprache auch als Türkütisch bezeichnet werden.

Jedoch ist das Wort in dieser Form in keiner alttürkischen Inschrift belegt, so wie *türk* überhaupt nie im Plural auftaucht. Übrigens besteht ohnehin keine Sicherheit darüber, ob *-t* ein ursprünglich türkisches Plural- oder Kollektiv-Suffix ist oder ob es aus einer anderen Sprache entlehnt wurde. Die Form *türküt* wurde von Pelliot zunächst lediglich aus einer früheren chinesischen Aussprache der Zeichen rekonstruiert.

Zwar ist man sich einig darüber, daß die Aussprache tatsächlich *küöt/chüöt* oder so ähnlich gewesen sein muß, also auf *-t* auslautend. Jedoch haben sowohl Doerfer als auch Clauson, zwei der bedeutendsten Turkologen, die sich mit dieser Frage beschäftigt haben, glaubhaft gemacht, daß chinesisch auslautendes *-t* durchaus für verschiedene türkische Auslaute stehen konnte, darunter auch für vokalischen Auslaut. Denn das primäre Anliegen der chinesischen Wiedergabe von *türk* mußte ja die Auflösung der Konsonantenverbindung *-rk* sein, die die chinesische Aussprache nicht erlaubt, und die nur durch die Verwendung zweier Silben erreicht werden konnte. Das einmalige Auftauchen der Schreibung *TWRKT* in der sogdischen Inschrift der Stele von Bugut könnte ein Hinweis auf eine sogdische Ausgangsform sein, die von anderen Sprachen übernommen wurde.

Nun bestehen aber noch unterschiedliche Ansichten darüber, ob *chüeh* zwar nicht dieses anzweifelbare Pluralsuffix, aber doch eine zweite Silbe wiedergegeben habe. Dafür wollen wir uns aber erst einmal dem türkischen Wort selbst zuwenden, denn selbst da besteht Uneinigkeit, ob es *türk, türük* oder *türkü* lautete. Hierüber haben sich die beiden eben erwähnten Turkologen jahrelang in ihren Publikationen gestritten.

Die ursprüngliche Bedeutung des Ethnonyms *türk* „stark, mächtig" ist heute weitgehend akzeptiert. Diese Interpretation ist besonders bei türkischen Wissenschaftlern auf große Zustimmung gestoßen. Ob man diese Bedeutung aber als bewiesen ansehen will, bleibt jedem selbst überlassen. Die darüber auseinandergehenden Meinungen sollen hier kurz skizziert werden, indem ich die Argumente der beiden schärfsten Kontrahenten wiedergebe. Für Doerfer ist die chinesische Wiedergabe von *türk* durch *t'u-chüeh* einzig eine Auflösung der Konsonantengruppe *-rk,* abgesehen von der verächtlichen Bedeutung, die diese Bezeichnung hat. Auch kann seiner Meinung nach dieses Wort in der Runenschrift nur als *türk* gelesen werden, im Gegensatz zu Clauson, der *türkü* lesen möchte. (Auf die Schrift selbst werden wir erst in einem späteren Kapitel zurückkommen.)

Die Bezeichnung von *türk* in der Bedeutung stark/mächtig ist für Doerfer bewiesen. Er will in allen Fällen des Vorkommens von *türk* nur diese Bedeutung zulassen, so auch in Verbindungen wie *türk bodun,* worunter das „mächtige Volk", nämlich das des Herrschers, bei *türk oġuz bägläri* die mächtigen Oġusenbegs verstehen, und fragt, warum sollten die Ogusen zwei Stammesnamen haben. Die türkische Grammatik aber, die zwei syntaktisch gleichberechtigte Wörter ohne eine Konjuktion nebeneinanderstellt, erlaubt hier zweifellos die Lesung, die Talat Tekin in seiner Übersetzung der Orchon-Inschriften vorschlägt: Turkish and Oġuz (lords) and begs KTE 22. Ebenso versteht es Adamović (1981/82).

Einigen Lesern wird bekannt sein, daß in allen modernen türkischen Sprachen mittels des sogenannten Possessivsuffixes (an das letzte Glied des Kompositum gehängt) eine besonders enge Zusammengehörigkeit der jeweiligen Komponenten hergestellt wird: *ev kapı* > *ev kapısı,* Haus Tür > Haustür.

Adjektive werden in die Verbindungen nicht einbezogen. Wir haben nun auch derartige Belege in den Inschriften, wie z. B. *türk tängrisi, tängri* = Gott + Possessivsuffix.

Doerfer will hier jedoch gar kein Kompositum sehen, sondern verweist darauf, daß das Possessivsuffix ja die Funktion der Hervorhebung habe im Sinne eines bestimmten Artikels, was in isolierter Position sehr wohl begründet ist.

Und so will er verstehen „der mächtige Gott“ anstatt „der türkische Gott“ und verweist als Beleg auf den Abschnitt ›Der bestimmte Artikel‹ in dem Buch ›Der türkische Sprachbau‹, einem grundlegenden Werk des großen dänischen Turkologen Grönbech. Aber Doerfer scheint Grönbech mißverstanden zu haben. Da steht u. a. auf Seite 92: „Wurde dies Suffix (d. h. Possessivsuffix III. Person) an das letzte Glied einer Nominalgruppe gehängt, so wies es auf das erste Glied hin und hob es somit hervor; statt einer Eigenschaftsangabe wurde es die Bezeichnung eines Gegenstandes.“

Im übrigen übersetzt Grönbech *türk* konsequent als ethnische Bezeichnung. Eine Belegstelle, die mir als Argument gegen Doerfer noch wichtiger scheint, ist folgender Ausdruck, den wir aus den Orchon-Inschriften kennen: *türk törüsi. Törü* bezeichnet das traditionelle, ungeschriebene Gesetz. An dieser Stelle, an der die Rede von der Neugründung des zweiten türkischen Reiches ist, nachdem die Menschen zum Ende des ersten Reiches diese *türk törüsi* aufgegeben hatten, scheinen mir Inhalt wie Form ein klarer Beleg für die Bedeutung „türkisch“ für *türk*. Daß es zur Zeit der Inschriften noch überhaupt kein Ethnonym war, wie Doerfer meint, widerlegt die Verwendung lautlich angepaßter Formen in anderen Sprachen wie *t'u-chüeh,* oder das tibetische *dru-gu* oder das sanskritische *turuṣka.*

Ich möchte noch ein paar Worte zu Clausons Meinung sagen. Er hat sich an verschiedenen Stellen geäußert, unter anderem in einem besonderen Aufsatz ›The Concept of Strength in Turkish‹, in dem er nach der Diskussion verschiedener Wörter, die „stark, Stärke usw.“ bedeuten, zu dem Schluß kommt, daß das Wort *türk*, das heute übrigens in keiner Sprache mehr vorkommt außer als Ethnonym, nie die Bedeutung „stark, mächtig usw.“ gehabt hat, sondern er interpretiert es so: “‘türk’ means the critical point in time when development reaches a climax and decline has not set in.”

Dies geschieht in Anlehnung an Mahmud al-Kaschgari, der sein wichtiges Werk über die Türken 1073 in Bagdad verfaßte. Eines seiner drei Beispiele ist *türk üzüm ödi,* das er übersetzt mit, „die Zeit, in der die Weintrauben im Zentrum ihrer Reife sind“. Doerfer, der die jeweiligen Stellen bei Kaschgari auch für sich beansprucht, wirft ihm jedoch vor, in allen drei Fällen geirrt zu haben, und korrigiert ihn: die Zeit der kräftigen, d. h. vollausgereiften Weintrauben.

Der weitere Vorschlag von Clauson, bei dem Ethnonym *türk* handle es sich überhaupt um ein ursprüngliches *türkü,* dessen Auslautvokal verlorengegangen ist, ist meiner Meinung nach nicht zu beweisen. Zwar erlaubt eine der zwei Schreibweisen, in denen das Wort in Runenschrift vorkommt, diese Lesung, ist aber unwahrscheinlich, da sonst alle vokalischen Auslaute mit einem besonderen Zeichen geschrieben werden. Ebenso wenig beweiskräftig ist die zweisilbige Wiedergabe von *türk* in anderen Sprachen, wie im Chinesischen, aber auch im Tibetischen, wie wir oben sahen.

Tibetisch ist wie Chinesisch ursprünglich eine monosyllabische Sprache, die allerdings eine Menge 'Consonant-Clusters' erlaubt, auch *-rk-*, nur nicht im Auslaut. Überhaupt scheint die tibetische Form auf eine iranische Vorlage zurückzugehen, die eher an ein ursprüngliches Wort *truk* denken läßt, das möglicherweise von den Türken selbst übernommen und den lautlichen Verhältnissen ihrer Sprache angepaßt wurde. Soweit diese Bemerkungen; es haben sich übrigens die meisten Turkologen über eine Etymologie von *türk* ausgelassen, aber meiner Meinung nach ist kaum etwas davon stichhaltig. Wenn Clauson sich in diesem Falle so engagiert, ging es in der Hauptsache doch um seinen Streit mit Doerfer, denn bei anderen Etymologien war er bedeutend zurückhaltender, so z. B. in einem Aufsatz über die Etymologie des Ethnonyms *uygur,* in dem er nachweist, daß nach unserem heutigen Kenntnisstand eine Etymologie gar nicht möglich ist. Die türkische Sprache aber fordert durch ihre klare und über Jahrhunderte oft nur wenig veränderte Struktur geradezu zum Etymologisieren heraus.

So ist das auch eine Lieblingsbeschäftigung türkischer Wissenschaftler. Mit dem Beweis, daß die *kürt,* also die Kurden, eigentlich Türken sind, weil das Wort *kürt* in manchen Dialekten eine besondere Art Schnee bezeichne, sind die in den hohen Gebirgen lebenden Kurden Schneemenschen, ebenso wie die Karluk, die am Altai-Gebirge lebten. Nur stimmt diese Etymologie hinten und vorn nicht.

Neuere Veröffentlichungen dieser offiziellen Richtung müssen parallel gesehen werden zu den jahrelangen militärischen Auseinandersetzungen mit den Kurden in Ostanatolien.

*Lesevorschläge:*
Eine Monographie zur Geschichte der Interpretation des Wortes *türk* gibt es noch nicht, obwohl es sich lohnen würde, eine solche zu schreiben. Sie gäbe ein faszinierendes Beispiel von Polemik in der Wissenschaftsgeschichte ab.
DOERFER (Bd. 2) stellt einigermaßen ausführlich diese Diskussion unter eben diesem Stichwort dar, doch wird diese Darstellung zu sehr von seiner eigenen Meinung „überschattet“, zumal diese in wenig überzeugenden Argumenten Ausdruck findet.

## HISTORISCHE EREIGNISSE IM ERSTEN REICH

Nur in chinesischen Quellen sind Abstammungsmythen der Türken überliefert. Bis auf eine Ausnahme ist in ihnen eine Wölfin von besonderer Bedeutung. So ist im ›Chou shu‹ wie auch im ›Pei shih‹ die Rede von einem Jungen, der als einziger Überlebender seines Stammes von einer Wölfin gefunden und großgezogen wird. Vor den Feinden flieht sie mit ihm in die Berge nordwestlich von Kao-ch'ang, also Turfan, in eine Höhle, in der sich eine große Ebene mit reicher Vegetation befindet. Aus der Vereinigung der beiden gehen zehn Jungen hervor.

Die Zahl „zehn" ist von Wissenschaftlern mit den zehn Stämmen *(on ok)* in Zusammenhang gebracht worden, aus denen das westtürkische Reich bestand, dessen Geschichte weiter unten behandelt werden wird.

Im Gebirge nordwestlich von Kao-ch'ang hat man den Altai wiedererkannt. An ihm vorbei führte eine alte Handelsstraße, die das Orchon-Tal im Osten mit dem Ili-Tal im Westen verband und sich hier mit dem Handelsweg kreuzte, der vom oberen Jenissei nach Süden zum Altai und Tien-shan führte.

Diesen wirtschaftlich strategischen Punkt scheint der Stamm der Türk unter seiner Kontrolle gehalten zu haben. Darüber hinaus ist von ihnen bekannt, daß sie geschickte Schmiede waren, die ihre Eisenprodukte auch ausführten.

Über die Ethnogenese dieses Stammes ist viel gerätselt worden. Auffallend ist, daß viele zentrale Begriffe iranischen Ursprungs sind. Dies betrifft fast alle Titel administrativer Amtsinhaber wie auch die Bezeichnung domestizierter Tiere und eventuell sogar die Bezeichnung des Totemtiers, also des Wolfes *(böri)*. Einige Gelehrte wollen auch die Eigenbezeichnung *türk* auf einen iranischen Ursprung zurückführen und ihn mit dem Wort „Turan", der persischen Bezeichnung für das Land jenseits des Oxus, in Verbindung bringen.

Es muß bislang offenbleiben, ob es sich bei den Türk um türkisierte Iraner handelte oder ob sie als Türken im heutigen Sinne iranische Elemente in ihre Lebensformen aufgenommen haben.

Nach den türkischen Inschriften selbst war der Name des Stammesführers der Türk, der 552 das Herrscherhaus der Juan-Juan vernichtend schlug und damit die Voraussetzung für die Bildung eines neuen Reiches schuf, Bumın Kağan. Über weitere Ereignisse in der äußerst kurzen Zeit seiner Regierung werden wir durch keine Quelle unterrichtet. Bumın starb noch im selben Jahr. Wir haben keine Indizien, die darauf hinweisen, daß schon vom ersten Moment an das Kağanat Bumıns in ein Ost- und ein West-Reich geteilt war – wie das ja vorher bei anderen zentralasiatischen Nomadenreichen schon der Fall gewesen war. Offenbar geschah die Teilung jedoch unter seinem Nachfolger, dessen Name uns nur auf chinesisch überliefert ist: Kuo-lo, und auf den bereits im nächsten Jahr, also 553, Bumıns ältester Sohn Muhan folgte, als dessen Vertreter im westlichen Teil des Reiches, d. h. ungefähr das Gebiet westlich des Altai, der jüngere Bruder Bumıns herrschte. In der Köl-Tegin-Inschrift, die etwa 180 Jahre später, im Jahre 732, im zweiten türkischen Reich errichtet wurde, findet sich folgende Darstellung·

„Als oben der blaue Himmel und unten die Erde erschaffen wurden, wurden zwischen diesen beiden die menschlichen Wesen geschaffen. Über die menschlichen Wesen wurden meine Vorfahren Bumın Kağan und Iştämi Kağan zu Herrschern. Nachdem sie Herrscher geworden waren, organisierten und regierten sie den Staat und die Einrichtungen (traditionellen Gesetze) des türkischen Volkes. Zu allen vier Himmelsrichtungen hatten sie Feinde. Sie marschierten mit ihren Armeen und eroberten die Völker in allen vier Richtungen und machten sie zu Untertanen. Sie veranlaßten die stolzen Feinde, sich zu verbeugen, und die Mächtigen, in die Knie zu fallen."

Ob die gleichzeitige Erwähnung Bumıns und Iştämis darauf hinweist, daß die Zweiteilung des türkischen Reiches schon zu ihrer Zeit gegeben war, muß offenbleiben. Muhan Kağan, dessen Name in den Orchon-Inschriften nicht mehr erwähnt wird, regierte den östlichen Teil von 553–572, Iştämi den westlichen Teil bis 575. Ohne an dieser Stelle auf Einzelheiten der politischen Struktur der türkischen Kağanate einzugehen, soll hier nur angemerkt werden, daß im Prinzip dem Herrscher des Ost-Reiches mit seinem Zentrum am oberen Orchon die gesamte Groß-Föderation unterstand, faktisch jedoch Iştämi seinen Teil als unabhängiger Herrscher regierte.

Wir wollen uns zunächst dem weiteren Verlauf der Ereignisse im Osten zuwenden, wo die politischen Ereignisse weder in Muhans Regierungszeit, noch in der seines Nachfolgers Taspar von derselben welthistorischen Dimension waren wie die Ereignisse zur gleichen Zeit im westtürkischen Reich, denn Muhans Möglichkeiten, den Staat expandieren zu lassen, wäre im Westen nur auf Kosten des Bruderstaates der Westtürken zu realisieren gewesen.

Im Süden waren die aus dem gespaltenen T'o-pa-Reich 550 bzw. 557 entstandenen Dynastien der nördlichen Ch'i und der nördlichen Chou, zumal diese in gegenseitige Kämpfe verwickelt waren, keine allzu starken Gegner; Muhan jedoch zog es offenbar vor, als diplomatische Geste eine seiner Töchter an die nördlichen Chou zu verheiraten und so die Hände frei zu haben für die Bekämpfung der Kitan im Osten, einer offenbar mongolischen Horde, die er 560 besiegte, und der Kirgisen im Norden.

Die Reihenfolge der nächsten zwei Nachfolger Muhans schien bis vor kurzem durch die chinesischen Quellen festzustehen, bis die 1971 erfolgte Entzifferung einer im Jahre 1956 in der Mongolei gefundenen Grabstele nicht neues Licht, sondern eher Dunkel in die nächsten 2 Jahre der Dynastiegeschichte brachte.

Auf der sogenannten Stele von Bugut, auf die wir unten noch zurückkommen werden, erscheint ein vordem unbekannter und bisher in keiner anderen Quelle identifizierter Mahan-Tegin, zu dessen Ehren die Stele errichtet wurde.

Nach Ansicht der Bearbeiter dieser Stele deutet eine Stelle darauf hin, daß dieser Mahan-Tegin für einige Jahre Nachfolger Muhan-Kaġans war, bevor Taspar-Kaġan/T'a-po Kaġan die Macht übernahm. Angesichts der starken Beschädigung des Textes, der dadurch bedingten zahlreichen Lücken und der Tatsache, daß Mahan in dieser Inschrift nie als Kaġan, sondern immer als Tegin betitelt wird, besteht die Möglichkeit, daß Mahan für mehrere Jahre, wohl während der Regierungszeit Taspars, der 573 in chinesischen Quellen als Kaġan erwähnt wird, Mitregent von Taspar war. Denn der Titel Tegin bezeichnete einerseits einen männlichen Angehörigen der Familie des Kaġan überhaupt, andererseits war er eine Amtsbezeichnung für den ständigen Vertreter des Kaġans und gleichzeitig für den vom Kaġan selbst eingesetzten Nachfolger in spe, was allerdings wiederum Probleme aufwirft, wenn Mahan nicht doch zumindest sehr kurze Zeit zwischen Muhan und Taspar Kaġan gewesen ist.

Die kurze Zeit seiner Regierung oder Mitregierung ist allerdings besonders ausschlaggebend für die Entwicklung der türkischen Kultur in der Folge, denn wie die Inschrift uns ausdrücklich und eindeutig mitteilt und damit chinesische Nachrichten bestätigt, wird einem Wunsch Taspars entsprechend in dieser Zeit, also wohl zwischen 572 und 581, ein saṃgha, eine buddhistische Mönchsgemeinde, begründet. Diese offizielle Annahme des Buddhismus durch Taspar folgte wahrscheinlich kurze Zeit nach dem Einsetzen der Religionsverfolgung durch den Kaiser Wu-ti in Nord-Chou 574. Der buddhistische

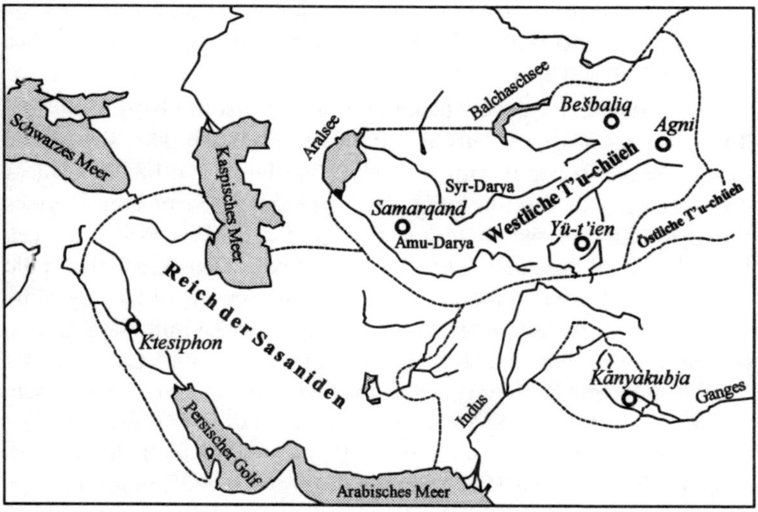


Das Reich der westlichen T'u-chüeh

Mönch Jinagupta, der das Land der Nord-Chou daraufhin verließ, folgte einer Einladung Taspars und dürfte damit derjenige gewesen sein, der die buddhistische Gemeinde bei den Türken gründete. Vom Buddhismus während der ersten beiden Reiche soll ausführlicher in einem der nächsten Kapitel im Rahmen der Kulturbetrachtung die Rede sein.

Zunächst noch einmal zur politischen Geschichte. In der Regierungszeit Taspars – dessen Name wir übrigens vor dem Auffinden der Inschriften von Bugut nur mit seinem chinesischen Namen kennen: T'a-po Ko-han – war das türkische Reich anscheinend nach innen wie nach außen noch stabil. Das Verhältnis zu den beiden Nachfolgestaaten der Tabġač/T'o-pa vermittelt uns ein Bild von fast tributärer Abhängigkeit der beiden nordchinesischen Dynastien. Sogar in dem Suishu, den Annalen der Sui-Dynastie, die den Norden Chinas 560 wieder vereinigte, lesen wir (nach der deutschen Übersetzung von Liu: ›Die chinesischen Nachrichten zur Geschichte der Ost-Türken‹ zitiert):

„In dieser Zeit (Taspars Regierungszeit) verfügte T'a-po über einige 100000 Soldaten, und China fürchtete sich vor ihm. Sowohl die Nord-Chou als auch die Nord-Ch'i wetteiferten, sich mit der Herrscherfamilie der T'u-küe (T'u-chüeh) durch eine Heirat zu verbinden; sie entleerten ihre Schatzkammern, um mit (den Kostbarkeiten) den T'u-küe (T'u-chüeh) zu dienern. T'a-po wurde immer anmaßender und pflegte zu seinen Untertanen zu sagen:

Wenn nur meine beiden Söhne im Süden (die Kaiser von Nord-Chou und von den Nord-Tsi) weiter pietätvoll und gehorsam bleiben, brauche ich dann noch Armut zu befürchten?"

Diese Macht des ersten türkischen Reiches sollte bald nach dem Tode Taspars 581 und dem Machtantritt seines Bruders Sha-po-liu, dessen Name in der Bugut-Inschrift Nivar lautet, zerbrechen, nicht etwa infolge einer Bedrohung von chinesischer Seite her, sondern durch Rivalitäten zwischen dem Ost- und dem West-Reich der Türken, aber auch durch Rivalitäten innerhalb des Ostreiches, das ja die eigentliche Hegemonialmacht war. Man vermag nicht zu sagen, inwieweit die aufkommenden Spannungen teilweise auf Auseinandersetzungen zwischen Anhängern des Buddhismus und Gegnern des Buddhismus im Herrscherklan zurückzuführen sind, aber wir wissen, daß es diese Art von Spannungen auch in anderen Gegenden Zentralasiens gegeben hat und diese z. B. nicht unwesentlich zur Spaltung der Topa (T'o-pa)/Tavġač in ein die nomadische Tradition favorisierendes Nord-Chi und ein die chinesischen, d. h. buddhistischen Lehren favorisierendes Nord-Chou beigetragen haben. Ein wesentliches psychologisches Moment für die Ost-Türken war jedenfalls auch die Lossagung Tardus, des Yabġu, also des Verwalters des westtürkischen Reiches, von der Vorherrschaft des Ost-Reiches zwischen 582 und 584. Auch über den Titel Yabġu wollen wir erst in einem Kapitel, das der Kultur gewidmet ist, sprechen.

Es scheint, daß Tạrdu zu seinem Schritt von dem Kaiser Wen, der weite Teile Nordchinas in der Sui-Dynastie wieder vereinigt hatte, ermuntert worden war, denn eine Schwächung der Türken war für die Sui von enormer Wichtigkeit für das eigene Überleben. Zwar hatten anfangs beide Teile des türkischen Kağanats sich in ein Bündnis mit China begeben, doch versuchten einige Topa, die aus dem von Wen vernichteten Reich der Nord-Chou, das ja ein Nachfolgestaat des Topa-Reiches war, an den Hof des Kağans geflohen waren, die Türken zu überreden, ihnen bei der Rückgewinnung der Macht in Nord-China zu helfen.

So griffen die Sui zu dem diplomatischen Trick, einerseits zwischen den West- und Osttürken Zwietracht zu säen, andererseits aber auch die Türken gegen die Topa aufzuhetzen. Die Uneinigkeit unter den Ost-Türken erreichte ein solches Ausmaß, daß dem Nachfolger Taspars, Nivar-Kağan, der 581–587 regierte, die Macht von zweien seiner Vettern streitig gemacht wurde. Im Westen kam es zu kriegerischen Auseinandersetzungen mit den West-Türken, im Osten zu Kämpfen mit den – anscheinend mongolischen – Kitan. Aus Angst,

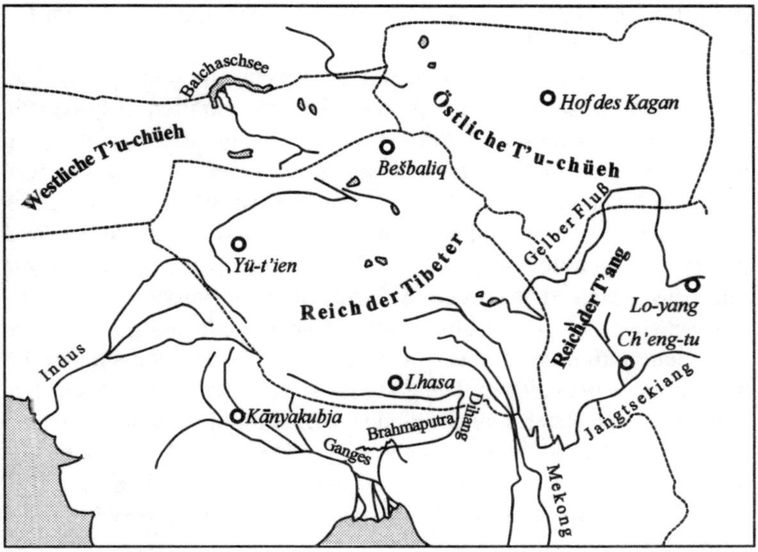


Tibet und die östlichen T'u-chüeh, Ende 7. Jh.

der westtürkische Yabġu Tardu könne bei all dieser Schwächung des östlichen Kaġanats zu stark werden und die Hegemonie über ein neues gesamttürkisches Reich gewinnen, zogen die Sui es nun vor, Nivar zu unterstützen, der ohnehin zu schwach war, als daß er den Chinesen noch eine Gefahr hätte sein können.

Dank der Bugut-Inschrift kennen wir die ersten türkischen Kaġane bis einschließlich Nivar mit türkischen Namen, bis auf Bumın, dessen türkischer Name uns ja schon aus den Orchon-Inschriften bekannt war. Der Nachfolger Nivars wird in der Bugut-Stele nicht mehr erwähnt, was ein weiterer Grund ist anzunehmen, daß die Stele tatsächlich dem Mahan-Tegin gewidmet war, zumal ja nach uns bekannter üblicher türkischer Tradition die wichtigsten Taten des Verstorbenen und die wichtigsten Ereignisse seiner Zeit in der dem Verstorbenen gewidmeten Grabstele erzählt werden.

Der Nachfolger Nivars ist uns dann auch wieder nur unter seinem chinesischen Namen bekannt: Mu-ho-tua, der seinen Rivalen, einen Gegenkhan, tötete, aber selbst noch im Jahr seines Regierungsantritts 587 verstarb. Auch sein Nachfolger T'u-lan, der 587–600 regierte, sah sich mit einem Rivalen T'u-lin konfrontiert, der von China unterstützt wurde und, als der dem T'u-lan unterlegen war, auch von den Chinesen mitsamt seinen Anhängern aufgenommen und im Ordosgebiet angesiedelt wurde.

Wir dürfen wohl annehmen, daß dies nicht aus reiner Nächstenliebe geschah, da die Lostrennung der letztgenannten Gruppe, die fortan mit den Chinesen föderiert waren, eine mehrjährige Spaltung des osttürkischen Kağanats zur Folge hatte. Dem unterlegenen Tu-li gelang es dennoch, 600 die Macht im ganzen osttürkischen Reich wieder an sich zu reißen, und während einer Phase der kurzzeitigen Wiedererstarkung unter seinem Sohn Shih-pi (609–619) sahen sich die Sui, die durch dynastische Streitigkeiten inzwischen selbst geschwächt waren, erneut einer osttürkischen Bedrohung ausgesetzt. Eine neue Offensive des Kağans Hsieh-li 624 konnte jedoch von der inzwischen entstandenen T'ang-Dynastie zurückgeschlagen werden, woraufhin sich Hsieh-li nach Friedensverhandlungen in die Mongolei zurückzog. Hsieh-li war unklug genug, schon sechs Jahre später die militärisch nun sehr starke T'ang-Dynastie unter ihrem Kaiser T'ai-tsung herauszufordern, und mußte sich 630 endgültig den Chinesen unterwerfen.

Hierzu lesen wir wiederum in der Köl-Tegin-Inschrift, im Anschluß an eine Passage, die von der Größe und Weisheit der ersten Kağane erzählt und erwähnt, daß zu ihrer Bestattung Gesandte kamen von den Chinesen, den Tibetern, den Avaren, aus Byzanz, von den Kirgisen usw., folgende Bemerkungen über den Untergang des osttürkischen Reiches:

> „Dann bestiegen die jüngeren Brüder den Thron, und die Söhne bestiegen den Thron. Aber offensichtlich ähnelten die jüngeren Brüder nicht ihren älteren Brüdern und die Söhne nicht ihren Vätern. So bestiegen Kağane ohne Weisheit den Thron, schlechte Kağane bestiegen den Thron. Und auch ihre Berater waren ohne Weisheit und schlecht. Da zwischen den Noblen und dem Volk keine Einigkeit herrschte und weil das chinesische Volk listig und falsch war, denn sie waren hinterhältig und spalteten jüngere und ältere Brüder und veranlaßten die Noblen und das Volk, sich gegenseitig zu verunglimpfen. So ließ das türkische Volk seinen Staat, den es gegründet hatte, untergehen und ließ den Kağan, den es auf den Thron gesetzt hatte, zusammenbrechen. Ihre Söhne, die Noble hätten werden sollen, wurden Sklaven und ihre Töchter, die noble Frauen hätten werden sollen, wurden Sklavinnen des chinesischen Volkes. Die türkischen Noblen gaben ihre türkischen Titel auf."

Wie ich eingangs zur Geschichte des ersten osttürkischen Kağanates schon andeutete, sollte die Geschichte des westtürkischen Reiches durchaus welthistorische Dimensionen gewinnen. Der Grund dafür liegt vor allem in den geographischen und politischen Gegebenheiten des Gebietes, das sie beherrschten. Allerdings waren, wie wir gesehen hatten, das westtürkische und das osttürkische Reich bis zum Tode des Kağans in der Mongolei, Taspar, im Jahre 581 nur zwei Verwaltungseinheiten einer großen Gesamtföderation, so daß die meisten Ereignisse dieser Periode ebenso die Interessen des Ost-Reiches berührten.

Der erste Yabğu des West-Reiches ist eben der Iştämi, der uns in den Orchon-Inschriften zusammen mit Bumın-Kağan begegnet und 552–575 regierte. Etwa zehn Jahre nach seinem Regierungsantritt geriet er in einen bewaffneten Konflikt mit den Hephtaliten, deren Zentrum im Badachschan, Nordost-Afghanistan, lag. Durch eine Allianz zwischen den Türken und dem sassanidischen Persien wurden die Hephtaliten von verschiedenen Seiten angegriffen und geschlagen und flohen aus dem Gebiet, das zwischen den Türken und Sassaniden aufgeteilt wurde, wobei die letzteren zwar Baktrien erhielten, das ihnen aber kurze Zeit darauf wieder von den Türken genommen wurde. Für die Türken bedeutete die Hinzugewinnung des hephtalitischen Gebietes nicht nur eine geographische Expansion im herkömmlichen Sinne, sondern den Zugewinn eines außerordentlichen wirtschaftlichen Faktors, nämlich die Kontrolle über einen nicht unbeträchtlichen Teil der Seidenstraße: Auf ihr wurde nicht nur Seide transportiert, sondern auch Baumwolle, Gewürze, Drogen u. a. Die Hauptstrecke, die sich streckenweise in verschiedene Wege teilte, führte von Kan-su fast 7000 km bis zum Schwarzen Meer und teilweise weiter. Aus dem Gebiet südlich der Großen Gobi ging es zunächst etwa 2000 km durch trockene Steppengebiete und Wüsten bis Hami/Komul. Dort teilte sich der Weg. Einer führte direkt nach Westen zum Tarim-Becken und den alten Stadtstaaten. Der andere führte nach Nord-Westen, nördlich entlang dem Tien-shan (daher Tien-shan beilu „Weg nördlich des Tien-shan" genannt), dann in Richtung Süd-Westen zu den großen Städten der Sogdiana, Samarkand, Buchara und Marw. Hier vereinigte er sich wieder mit dem Zweig der Straße, die südlich des Tien-shan (Tien-shan nan-lu) in die Sogdiana führte. Von dem bedeutendsten Umschlagplatz Samarkand führten Handelswege in verschiedene Himmelsrichtungen, in den Süden nach Baktrien und Indien, nach Südwesten in die Reiche der Parther und Sassaniden, nach Westen, nach Anatolien und Syrien, nach Nordwesten über Chwarezm, dem Gebiet östlich des Kaspischen Meeres, nördlich des Schwarzen Meeres nach Byzanz.

Der persische Handel mit Byzanz beschränkte sich nun allerdings nicht auf den Verkauf der aus China importierten Rohseide, sondern aus der Seide gearbeitete Textilien stellten ebenso einen wichtigen Faktor im sassanidisch-byzantinischen Handel dar.

Da Persien und Byzanz aber seit 527 verfeindet und mehrfach in kriegerische Auseinandersetzungen verstrickt waren, kam dem neuen türkischen Reich eine wichtige strategische und wirtschaftspolitische Rolle zu, denn erstens konnten sie nach Gutdünken den wichtigen Handelsweg Seidenstraße sperren und damit den Handel zum Erliegen bringen, und zweitens stellten sie für die Byzantiner eine Macht dar, mit deren Hilfe man das sassanidische Reich quasi umzingeln konnte.

Byzanz war also sehr daran gelegen, die Türken als Bündnispartner zu gewinnen. Die Sassaniden waren sich dieser Situation durchaus bewußt und versuchten zunächst, den Türken ihre Entschlossenheit, sich den Zwischenhandel keinesfalls aus den Händen nehmen zu lassen, mit drastischen Aktionen zu demonstrieren. Der eigentliche Handel hatte schon zu Zeiten der Hephtaliten in den Händen sogdischer Kaufleute gelegen. Als sie mit der Erlaubnis ihres neuen türkischen Herrn eine Handelsdelegation nach Persien durchführten, die zum Ziele hatte, Verhandlungen darüber einzuleiten, daß auch der Seidenhandel in Persien selbst von sogdischen Kaufleuten durchgeführt werden sollte, kauften die Perser die Ware zwar zu den üblichen Konditionen auf, verbrannten sie aber öffentlich demonstrativ. Der Grund für diese beleidigende Aktion war sicherlich die Angst davor, daß ein derartiger Handel innerhalb Persiens zu einem direkten Verkauf der Ware durch Sogder an ausländische Kaufleute hätte führen können. Eine zweite türkische Handelsdelegation nach Persien blieb ebenso erfolglos, anscheinend wurden diesmal sogar mehrere der Delegationsmitglieder umgebracht.

Diese Vorfälle veranlaßten die Türken nun ihrerseits, direkten Kontakt zum Byzantinischen Reich herstellen zu wollen. So wurde 567 im Namen des türkischen Kaġans eine Gesandtschaft durch das untere Wolgagebiet und über den Kaukasus nach Konstantinopel geschickt, die ein sogdischer Kaufmann namens Maniakh leitete. Maniakh wurde vom byzantinischen Kaiser Justinian freundlich empfangen. Es ist in dieser Beziehung von einem Schreiben die Rede, das Justinian übergeben wurde und griechischen Quellen zufolge in „skythischer Schrift“ abgefaßt gewesen sein soll. Da dieses Dokument nicht erhalten ist, wissen wir nicht, in welcher Schrift und welcher Sprache das Schreiben tatsächlich abgefaßt war. Aber die Erwähnung dieses Schreibens ist auf turkologischer Seite zu manchen Vermutungen Anlaß gewesen, wann und wie die Türken sich in ihrer Sprache zum ersten Mal schriftlich geäußert haben. Wir werden dieses Thema später noch einmal aufgreifen.

Obwohl der türkischen Delegation in Byzanz zu ihrem großen Erstaunen chinesische Seidenraupen gezeigt wurden und damit wohl die wirtschaftliche Unabhängigkeit von den Türken – was Seide anbelangt – demonstriert werden sollte, wird das Interesse der Byzantiner an einem guten Kontakt mit den Türken doch dadurch bewiesen, daß die ein Jahr später zurückkehrende türkische Delegation von dem byzantinischen Gesandten Zemarkos begleitet wurde, der dann auch 568 am Hofe des westtürkischen Yabġu Iştämi eintraf. In dessen Sommerresidenz im Norden des Tien-shan kam so ein Bündnis zwischen Byzanz und dem türkischen Kaġanat gegen das sassanidische Persien zustande.

Zemarkos war von seinem Empfang und dem Prunk am türkischen Hofe sichtlich beeindruckt. Durch ihn erfahren wir von einem goldenen Thron mit Rädern, auf dem der türkische Yabġu saß, einem goldenen Bett, vergoldeten Holzsäulen und Mengen von Silbergeschirr. Eine politische Folge der zustande gekommenen byzantinisch-türkischen Bündnisse war, daß die Türken den Sassaniden den Krieg erklärten.

Zwischen Byzanz und dem türkischen Kaġanat gab es bis 576 noch mehrere diplomatische Kontakte, die davon zeugen, wie wichtig es den Byzantinern war, einen Verbündeten im Rücken der Sassaniden zu wissen. Als in diesem Jahr Tiberios II. Valentinos als Botschafter schickte, traf dieser nicht mehr auf den kürzlich verstorbenen Iştämi, sondern auf dessen Nachfolger Tardu (575–603), der sich verstimmt darüber zeigte, daß die Byzantiner unter Justinian ein Bündnis mit den Awaren eingegangen waren, die nach türkischen Aussagen zu ihrem eigenen Machtbereich gehören sollten. Valentinos wohnte den Bestattungsfeierlichkeiten für Iştämi bei, und seinen Mitteilungen hierüber entnehmen wir den Brauch, die Lieblingspferde des türkischen Kaġans zu töten und sich als Zeichen der Trauer das Gesicht zu zerschneiden, wozu übrigens auch Valentinos veranlaßt wurde.

Die Auseinandersetzungen mit den Byzantinern, die sogar zu Kampfhandlungen führten, hinderten die Türken nicht daran, auch ihre Feindseligkeiten gegen die Sassaniden fortzusetzen. Der Sohn und Nachfolger Iştämis, Tardu, stieß 588/89 gar bis Herat vor. Auch wenn dieses nicht eingenommen werden konnte, geriet doch das heutige Nord-Afghanistan mit den wichtigen Städten Balkh und Kunduz in türkische Abhängigkeit. Der chinesische Pilger Hsüan-tsang, der im Jahre 630 durch diese Gegend reiste, berichtet, daß dort ein Angehöriger des westtürkischen Herrscherhauses regierte. Tardu war offenbar kein Staatsmann mit diplomatischem Geschick. Sein Wille zur Ausdehnung seines Machtbereichs führte nicht nur zu Auseinandersetzungen mit Byzantinern und Persern, sondern auch, wie wir sahen, mit dem osttürkischen Kaġan, von dessen Vorherrschaft er sich um 584 lossagte. Zu diesem Zweck ließ er sich auf ein Bündnis mit der chinesischen Sui-Dynastie ein. Die Chinesen nutzten die Zeit der Instabilität des türkischen Kaġanats nun nicht nur für diplomatische Interventionen im Osten des türkischen Reiches, sondern vermochten auch im Westen Unfrieden unter den Stämmen zu stiften, wo während eines Aufstandes der Töliş-Stämme Tardu unter nicht genauer bekannten Umständen ums Leben kam.

Sein Reich wurde ebenso das Opfer von innerdynastischen Rivalitäten wie das Reich im Osten. Sein Enkel Shih-kuei erhielt den westlichen Teil des westtürkischen Reiches, ein Gegenkhan Ch'u-lo den östlichen Teil mit dem Zentrum im Ili-Gebiet. Es ist bezeichnend für diese Zeit, in der das westtürkische Reich ganz in den Interessenbereich Chinas rückte, daß ihre Namen auch nur in chinesischer Form überliefert sind.

Shih-kuei vermochte sich allerdings durchzusetzen, da Ch'u-lo Ambitionen zeigte, die Machtbestrebungen Tardus fortzusetzen, und die Chinesen ihm aus diesem Grunde ihre Unterstützung entzogen. Sowohl im östlichen wie im westlichen Teil des türkischen Kaġanats waren nun Herrscher an der Macht, die man als chinesische Schützlinge bezeichnen kann. Shih-kueis Nachfolger T'ung shih-hu (618–630) gelang es noch einmal, das Machtgebiet der Türken zu erweitern, er schlug die bisher aufständischen Töliş und festigte auch seine Macht bis über den Oxus hinaus. Das westtürkische Reich erstreckte sich nun vom Altai über den Hindukusch bis zum Kaspischen Meer im Westen. Auch gehörten das nördliche Tarim-Gebiet dazu, einschließlich Turfan. Nach Hsüan-tsangs Bericht, der sich vom Erscheinungsbild des Kaġans und des Hofes sehr beeindruckt zeigte, bekundete T'ung-shih-hu auch am Buddhismus großes Interesse und hatte vor dieser Zeit sogar schon einen buddhistischen Missionar namens Prabhakaramitra aus Indien aufgenommen .

Aus Hsüan-tsangs Bericht geht darüber hinaus deutlich das Wohlleben am Hofe T'ung-shih-hus hervor. Er beschreibt den Khan als gekleidet in einen Mantel aus grünem Satin. Er hatte ein langes Seidenband mehrmals um den Kopf gewickelt und war von 200 Offizieren umgeben, die in Brokatmäntel gekleidet waren. Hsüan-tsang beschreibt weiterhin den Reichtum an Pferden und Kamelen und die

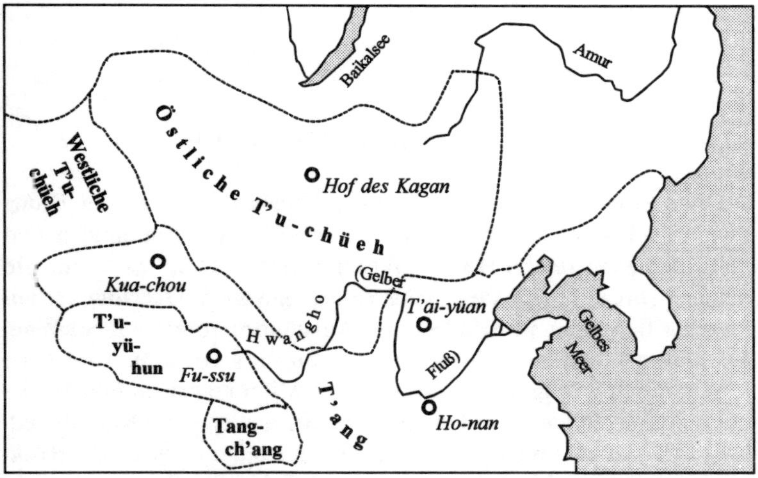


Das Reich der östlichen T'u-chüeh

gute Ausstattung der Truppen. Hsüan-tsang selbst wurde von T'ung-shih-hu überaus freundlich aufgenommen, und er beschreibt seinen Empfang als eine eindrucksvolle Zeremonie.

T'ung-shih-hu kam 630 während eines Aufstandes der Karluk, die zwischen dem Balkasch-See und dem Tarbatagai-Gebirge nomadisierten, ums Leben. In der Folgezeit wurden die zehn westtürkischen Stämme durch Machtkämpfe untereinander so geschwächt, daß es den Chinesen nach mehreren Feldzügen gelang, 657, noch zwei Jahre vor der endgültigen Unterwerfung der zehn Stämme, ihr Gebiet in zwei chinesische Protektorate zu teilen. Zum ersten Protektorat gehörten die Gebiete der fünf Stämme der Nu-shih-pi im Westen und Südwesten des Issik-Kul und die T'u-lu im Nordosten. Die Identifizierung dieser Stämme ist nicht möglich. Im Laufe der Auflösung des westtürkischen Reiches wandern verschiedene Stämme nach Westen ab. Einer der bedeutendsten sind dabei die Chasaren, die daraufhin nach der Eroberung des Großbulgarischen Reiches am Asowschen Meer einen Staat errichten. Das westtürkische Reich wird 659 von China endgültig einverleibt.

## ZWEITES TÜRKISCHES REICH

Über 50 Jahre blieben die Türken abhängig vom China der T'ang-Dynastie. Das Wiedererstarken der Türken, das 682 in einer neuen Selbständigkeit seinen Höhepunkt fand, trat nicht so rasch ein, wie manche Darstellungen uns glauben machen wollen. Die chinesischen Quellen berichten von zahlreichen Aufständen türkischer Stämme, d. h. meist Überfällen, die mit Plünderungen verbunden waren, die jedoch durch erfolgreiche, entschlossene Militäraktionen immer wieder niedergeschlagen werden konnten. Wir wollen diese Kampfhandlungen hier nicht im einzelnen betrachten, sondern uns auf die Rückgewinnung der türkischen Souveränität beschränken.

Bei der Veränderung der Situation spielten mehrere Faktoren eine Rolle. Einer davon war die Fähigkeit eines türkischen Stammesführers, sich innerhalb seiner Föderation durchzusetzen. Die chinesischen Quellen nennen ihn Ku-tuo-lu, was die chinesische Wiedergabe des türkischen Namens Kutluġ (der mit Segen Behaftete, Versehene) sein dürfte, und der aus dem Hause A-shih-na stammte, dem adligen Geschlecht, dem, soweit wir heute wissen, auch die früheren türkischen Kaġane angehört hatten. Ein weiterer Faktor war die Schwächung der T'ang, sowohl aus außen- wie aus innenpolitischen Gründen. Außenpolitisch deshalb, weil die Tibeter seit 670, als sie die sogenannten vier Garnisonen der Chinesen, Kaschgar, Chotan, Kutscha und Karaschahr, oder mit einem Wort das Tarim-Becken in ihre Gewalt brachten, ihnen schwere Niederlagen zugefügt hatten. Innenpolitisch deshalb, weil dynastische Streitigkeiten zu erheblichen Unruhen führten.

Die türkischen Quellen selbst informieren uns freilich nur über den ersten oben genannten Faktor. So lesen wir in der Grabinschrift des Tonjukuk, des Beraters des eben erwähnten Ku-tuo-lu, der später die Ehrenbezeichnung Eltäriş, der Reichssammler, wie es meist und wohl mit Recht übersetzt wird, erhielt:

„Sie (d. h. die Türk) gaben ihren Khan auf (d. h., gemeint ist damit der Niedergang des ersten türkischen Kaġanats) und ergaben sich den Chinesen. Tängri (also der Himmel oder Himmelsgott) muß darauf wie folgt gesprochen haben: ‚Ich hatte Euch einen Khan gegeben, aber ihr habt ihn aufgegeben und euch ergeben.' Als Strafe für diese Aufgabe führte der Himmel den Tod des türkischen Volkes herbei. Das türkische Volk wurde getötet, vernichtet, ausgelöscht . . . Diejenigen, die in der Wildnis überlebt hatten, kamen zusammen und zählten 700. Zwei Drittel von ihnen waren beritten, ein Drittel zu Fuß. Er, der die 700 Mann führte, war ein Şad (wir kommen auf diesen Titel später noch zu sprechen). ‚Folgt mir!' sagte er. ‚Ich war es, der weise Tonjukuk, der ihm ohne Zögern folgte.'" usw.

Auch die chinesischen Quellen berichten über diesen Beginn mit einer relativ geringen Anzahl von Anhängern, die sie darüber hinaus als eine Gruppe von Banditen bezeichnen. Damit deckt sich eine andere Stelle der Orchon-Inschrift. Auf der Ost-Seite des Köl-Tegin-Denkmals, Zeile 12 bis 14, lesen wir:

„Dadurch, daß der Himmel ihnen Stärke gab, waren die Soldaten meines Vaters, des Kağans, wie Wölfe und seine Feinde waren wie Schafe. Nachdem sie gehört hatten, daß Eltäriş maschierte, kamen die, die in den Städten lebten, in die Berge, und die in den Bergen lebten, kamen herunter; so kamen sie zusammen und zählten 70. Nachdem er (d. h. Eltäriş) Eroberungszüge hierhin und dorthin unternommen hatte, sammelte er seine Leute. Sie alle zusammen zählten 700. Als sie 700 zählten, organisierte und befehligte (mein Vater, der Kağan) das Volk, das die türkischen Einrichtungen, die den Gesetzen meiner Vorfahren entsprachen, aufgegeben hatte."

Es ist kaum möglich, nachzuvollziehen, inwieweit ein weiterer Faktor für die staatliche oder gar nationale Bewußtseinswerdung der Türken eine Rolle spielte: die Auswirkungen auf das politische Denken, das durch die Kontakte hervorgerufen wurde, die die im China der T'ang-Zeit lebenden Menschen verschiedenen ethnischen Ursprungs und unterschiedlicher religiöser Überzeugung miteinander hatten und diese prägte. Ausländer gab es zu dieser Zeit nicht nur in der Hauptstadt, sondern in allen Handelszentren. Sie hatten ihre eigenen Religionen mitgebracht, den Manichäismus, den Mazdaismus und das nestorianische Christentum. Es waren die ersten Juden und die ersten Muslime da. Eine besondere Rolle spielten unter den „Ausländern" die Sogder.

Sie waren offenbar schon gegen Ende des vierten Jahrhunderts v. u. Z. nach Zentralasien gelangt und bildeten erste Kolonien in den Städten Ost-Turkestans. Daß sie im fünften und sechsten Jahrhundert n. Chr. nicht nur in Städten in Semirecie, im Tarim-Becken und in Kansu Zentren des Handels und der Landwirtschaft innehatten, sondern gar in der Mongolei in bedeutendem Maße das politische, kulturelle und ideologische Leben prägten, ist uns seit längerem bekannt. Der russische Orientalist Kljaštornyj hat in einer 1961 erschienenen Arbeit glaubhaft machen können, daß die sogdischen Niederlassungen, von denen in den Orchon-Inschriften die Rede ist, sich nicht in der Sogdiana, also im heutigen Westturkestan, befunden haben, sondern im Ordos-Gebiet, also in dem Gebiet, das zur heutigen Inneren Mongolei gehört. Die Angaben in den türkischen Inschriften würden demnach mit den Angaben der chinesischen Quellen übereinstimmen. Die kulturellen Einflüsse der Sogder auf die Türken werden in einem späteren Kapitel über die Kultur eingehender zur Sprache kommen. Was uns hier zunächst interessieren soll – bezüglich der Rezeption nicht-türkischer Weltvorstellungen auf seiten der Türken – ist das Problem von nicht nachweisbaren Klassenkämpfen innerhalb der türkischen Gesellschaft, ein Problem, das von sowjetischer Seite hinsichtlich des Wiedererstarkens der türkischen Macht und des Entstehens eines türkischen Nationalbewußtseins thematisiert wurde. Wir erfahren ja aus den türkischen Inschriften, die ich bereits zitiert habe, daß im Zuge des Untergangs der Macht des ersten türkischen Reiches bzw. der beiden ersten Reiche die türkischen Adligen ihre türkischen Titel aufgegeben und chinesische angenommen haben.

Der Einfluß anderer Kulturen beschränkt sich aber sicherlich nicht auf solche reinen Äußerlichkeiten, sondern man darf voraussetzen, daß dieser Einfluß vor allem mit einer Sinisierung des gesamten Lebensgefühls der herrschenden Klasse, also der Machtinhaber vom Beg, dem Stammesführer, aufwärts bis zum Khan, dem Führer einer Föderation, verlief. (Einen Kaġan, also einen allgemein von mehreren Föderationen anerkannten Führer einer Großkonföderation, hat es ja in der Zeit zwischen 630 und der Machtübernahme durch Eltäriş 682 nicht gegeben.) Die Unterschiede zwischen den Herrschenden und dem Volk wurden so immer größer, insbesondere in der Zeit der über 50jährigen Abhängigkeit von China. Die Unterschiede betrafen dabei nicht nur die kulturelle Lebensweise, die auf seiten der Herrschenden von allen materiellen und geistigen Annehmlichkeiten, die das chinesische Leben zu bieten hatte, geprägt war, sondern auch Wohlhabenheit auf der einen bzw. Armut auf der anderen Seite. Das breite Volk verelendete. Die Möglichkeit einer Bereicherung durch Raubzüge war fast ganz weggefallen. Einerseits ergab sich das aus der besseren militärischen Kontrolle, die die Chinesen nun über die Türken hatten, andererseits aber aus dem Desinteresse ihrer Führer, die, meist sinisiert, staatlich bezahlte Posten innehatten. Auch waren die Möglichkeiten der freien Weidezüge eingeschränkt, die den Nomaden ein Minimum an Autarkie gestatteten. Der Überlandhandel hatte seit ehedem in den Händen der Sogder gelegen. Es mußte deshalb ein Bedürfnis im Volk entstehen, das nach einer Persönlichkeit verlangte, die zwei Voraussetzungen haben mußte: Sie mußte erstens auf Grund ihrer Abstammung zur Führung legitimiert sein und mußte zweitens dennoch den alten nomadischen Traditionen anhängen. Dieser Mann war anscheinend Eltäriş. Er gehörte, wie wir sahen, dem alten Adelsgeschlecht der A-shih-na an, das der Überlieferung zufolge mit dem Abstammungsmythos eng verbunden war. Daß er der traditionellen türkischen Lebensweise verbunden war, haben wir ja bereits aus den letzten beiden Zitaten ersehen. Die Entfremdung der türkischen Oberschicht von den alten Werten ihres Volkes wird in den Orchon-Inschriften mit drastischen Worten getadelt, wobei auch die chinesische Lebensweise in den Tadel einbezogen wird. In der Grabschrift des Köl Tegin, Südseite Z. 5–6, lesen wir:

„Sie (d. h die Chinesen) geben uns Geld, Silber und Seide in Fülle. Die Reden des chinesischen Volkes sind immer süß gewesen und die Materialien des chinesischen Volkes waren immer weich. Indem sie durch ihre süßen Worte und ihre weichen Materialien bestachen, haben die Chinesen – so heißt es – entfernt lebende Völker in ihre Nähe kommen lassen. Nachdem ein solches Volk sich in ihrer Nähe niedergelassen hat, planen die Chinesen Böses gegen sie. Sie lassen die wirklich weisen Männer und die wirklich mutigen Männer keine Fortschritte machen. Wenn ein Mann einen Irrtum begeht, gewähren die Chinesen niemandem Schutz, nicht ihm, nicht der Familie seines Stammes. Indem du auf ihre süßen Worte und weichen Materialien reingefallen bist, wurde eine große Zahl von dir, türkisches Volk, getötet ...“

Die Sogder hatten, trotz ihrer vorwiegend städtischen untürkischen Lebensweise und ihrer Religionen, nicht den gleichen Volkszorn auf sich gezogen. Ihr Einfluß auf die türkische Kultur wurde ganz offenbar von den Türken seit eh und je geschätzt – die Gründe dafür werden wiederum später zu besprechen sein. Ihr politischer Einfluß wirkte sich, anscheinend durch ihre Tätigkeit als Berater am Herrscherhaus, eher stabilisierend auf die türkische Macht aus. Es ist erstaunlich, daß wir diesbezüglich keine direkte Äußerung in türkischen Quellen vorliegen haben, aber wie die Chinesen darüber dachten, beleuchtet schon eine Bemerkung aus der Zeit vor 630, dem Untergang des ersten ost-türkischen Reiches also, den wir in der Biographie von P'ei Ku finden, einem Berater des chinesischen Kaisers aus der Sui-Dynastie:

„Die T'u-chüeh“ – sagt er seinem Kaiser, als er gefragt wird, wie man gegen sie vorgehen solle – „sind eigentlich schlicht und unkompliziert, und man kann Zwietracht zwischen ihnen stiften; leider leben unter ihnen viele Hu, die boshaft und gerissen sind und sie belehren und leiten.“

Es unterliegt keinem Zweifel, daß es sich bei dem hier „Hu" (eine Bezeichnung ja für Barbaren allgemein) genannten Volk um Sogder handelt, wie aus eindeutigen Belegen hervorgeht (vgl. später).

In den türkischen Quellen selbst wurde später die Entzweiung zwischen dem Volk und seinen Führern nicht nur auf die sozialen und kulturellen Unterschiede zurückgeführt, sondern in eben demselben Maße auf die „Verschlagenheit" und das „Zwietrachtstiften" der Chinesen, eine diplomatische Vorgehensweise, die weitgehend die politischen Beziehungen zwischen Chinesen und Türken bestimmt hat.

Eltäriş, wie wir fortan Ku-tuo-lu nennen wollen, hatte von Anfang an einen Mann zur Seite, der ein hervorragender Kenner der chinesischen Zivilisation und Politik einschließlich der am chinesischen Hofe üblichen Intrigen war.

Es war jener Tonjukuk, aus dessen Grabinschrift wir oben zitiert haben. Er hatte wie viele türkische Adlige jener Zeit eine chinesische Bildung erhalten. Seine Familie besaß einen erblichen Posten in der chinesischen Provinzverwaltung. Nicht nur sein Einfluß auf den neuen Kaġan als dessen Berater in politischen, militärischen und kulturellen Fragen muß groß gewesen sein, sondern auch von seiten der Anhänger des Kaġans muß er in höchstem Maße geachtet worden sein, wenn es in seiner Grabinschrift von ihm bezüglich Eltäriş heißt:

„Dann, als der Himmel mir Einsicht (Erleuchtung) gewährte, habe ich selbst ihn zum Kaġan gemacht. Nachdem er Kaġan geworden war, tötete Eltäriş in der Begleitung von Bilgä (dem Weisen) Tonjukuk Boyla Baġa Tarkan in großer Anzahl Chinesen im Süden, Kitan im Osten, Oġusen im Norden. Ich war es, der sein Berater war und sein Heeresführer."

Da nach türkischer Überzeugung der Kaġan vom Tängri, dem Himmelsgott, eingesetzt wurde, werden wir diese Stelle wohl so zu interpretieren haben, daß Tonjukuk damit meint, er habe Eltäriş dazu überredet, die Würde eines Kaġans anzunehmen.

Eltäriş floh zunächst in das Hochgebirge des Yin-shan und zog dann mit seinen Anhängern in das Čogay-Gebirge, das heute übereinstimmend mit dem Hangay-Gebirge identifiziert wird. Von besonderer Bedeutung für den weiteren Verlauf der türkischen Geschichte war der Entschluß Tonjukuks, als erste größere militärische Operation die Oġusen – bzw. eine von den Oġusengruppen – im Norden anzugreifen. Über diesen Kriegszug erfahren wir aus der Inschrift des Tonjukuk. Begründet wird er damit, daß die Tokuz-Oġuz – die neun Oġusenstämme – beabsichtigten, sich mit den Chinesen und den Kitan gegen die Türk zu verschwören, deren emporkommende Macht sie fürchteten. Unter Führung des Tonjukuk gelang es den Türk nördlich des Hangay im Gebiet der Ötükän-Gebirgsweide, die Oğusen, die mit Ochsenkarren und ihren Viehherden nichtsahnend auf ihrer Wanderung den Türk entgegenzogen, zu überraschen und zu schlagen. Es läßt sich nur vermuten, daß hinter Tonjukuks Entscheidung, den ersten großen Kriegszug gegen die Oğusen zu führen, die Absicht stand, das Gebiet des Ötükän in die Hände der Türk zu bringen.

Der Bericht in der Tonjukuk-Inschrift über den Kriegszug gegen die Oğuz schließt ab mit den Worten:

„Ich war es, Bilgä Tonjukuk, der den türkischen Kağan und das türkische Volk in das Land des Ötükän geführt hat. Als sie die Nachricht hörten, daß sich die Türk im Lande des Ötükän niedergelassen hatten, kamen alle Völker, die im Süden, im Westen, im Norden und im Osten lebten."

Der Grund hierfür ist, daß das Ötükän-Gebiet den Ruf der Heiligkeit genoß. Die Herrschaft über dieses Gebiet verleiht und garantiert dem Herrscher Autorität. Die Heiligkeit des Gebietes erklärt sich möglicherweise daraus, daß der Ötükän schon in vor-türkischer Zeit ein Refugium für Nomadenstämme darstellte. Ein solches Refugium war notwendig, wenn ein Stamm in existenzielle Not geraten war, sei es durch Naturgewalten, denen man in der Steppe schutzlos preisgegeben war, sei es, wenn Unterlegenheit vor einem Verfolger drohte. Das können wir nur schließen, die Inschriften äußern sich hierzu nicht direkt. Eine bezeichnende Stelle aber finden wir in der Köl-Tegin-Inschrift Süd, Z. 8:

„Wenn du im Lande des Ötükän bleibst und Karawanen von hier aussendest, wirst du keine Schwierigkeiten haben, (türkisches Volk!), Wenn du in den Ötükän-Bergen bleibst, wirst du ewig leben und die Stämme beherrschen."

Wir haben also in diesen Inschriften am Orchon Stellen, in denen wir durchaus ein erwachendes Nationalbewußtsein erkennen können. Das brauchen wir gar nicht an der linguistischen Diskussion festzumachen, die – wie oben dargestellt, sich um die Frage dreht, ob es sich bei dem Wort Türk wirklich um ein Ethnonym dreht. Inwieweit die Türk sich als ethnische Einheit, verschieden von anderen ethnischen Einheiten, verstanden, ist für den Nationalgedanken ja nicht so wichtig wie das Gefühl, daß über sprachliche Gemeinsamkeiten hinaus eine gemeinsame Vergangenheit in vielfacher kultureller Hinsicht gegeben sein muß. Und dafür, daß dieses Gefühl vorhanden war, gibt es in den Inschriften verschiedene Indizien, sowohl sprachlicher Art, wie auch solche im Ablauf der historischen Ereignisse.

Zum ersten Punkt soll nochmal ein Teil eines Zitates herangezogen werden. In Köl Tegin E 6 lesen wir u. a.:

„Das türkische Volk ließ seinen Staat, den es errichtet hatte, zugrunde gehen und sie ließen ihren Kağan, den sie gekrönt hatten, stürzen."

Mit Volk haben wir das Wort *bodun* übersetzt, das zweierlei bezeichnen kann: 1. die Gesamtheit der Mitglieder eines Stammes, 2. die Gesamtheit der Untertanen eines Herrschers.

In der ersten Bedeutung taucht *bodun* in Verbindung mit verschiedenen Stammesnamen auf: *oğuz bodun, karluk bodun, soğdak bodun,* natürlich auch *türk bodun* usw. In unserem Zitat liegt es in der zweiten Bedeutung vor, was sich aus den beiden nachfolgenden Termini ergibt. Mit „Staat" haben wir das Wort *el* übersetzt, der alle Menschen und den beweglichen Besitz im Machtbereich des Kağans bezeichnet, des höchsten Herrschers also einer politisch unabhängigen staatlichen Organisation. Eng verbunden mit dem *el* ist ein Begriff, dem wir bei der Erörterung des Namens Türk schon begegnet sind: *törü,* wie in dem zitierten *türk törüsi,* das ungeschriebene, traditionelle Gesetz, das die ideelle Grundlage des *el* bildet und für Herrscher wie Untertanen gilt. Dies alles gilt aber sicherlich nicht erst für die Entstehung des zweiten türkischen Reiches. Angesichts der klaren Bedeutungen u. a. oben genannter Termini dürfen wir ähnliches für das erste Reich zumindest nicht ausschließen. Darüber hinaus sehen wir allerdings nun noch, daß die Türk, die sich aus der chinesischen Herrschaft zu lösen suchten, dies mit dem Bedürfnis taten, ein Leben zu führen, das einer ihnen eigenen Tradition verbunden war. Der ausschlaggebende Impuls mag zwar in der sozialen Diskrepanz zwischen Herrschenden und Beherrschten gelegen haben; es lag aber, wie aus den Inschriften hervorgeht, die Einsicht vor, daß das türkische Volk nur überleben kann, wenn der Wille zum Überleben in der Verwirklichung traditioneller Lebensverhältnisse lag.

Auf seiten der breiten Masse mag der soziale Gedanke – verständlicherweise – der ausschlaggebende gewesen sein. Es ist möglich, daß die politischen Schlußfolgerungen, wie die Bedürfnisse des Volkes in die Praxis umzusetzen seien, ausschließlich das Verdienst des Tonjukuk waren, der durch seine Bildung und das Bewußtsein seiner Herkunft in der Lage war, Ursachen und ihre Auswirkungen und Möglichkeiten zu sehen, diese Auswirkungen in bestimmte Bahnen zu leiten und somit eine Dimension in das Leben der Türk zu bringen, die nicht auf die Befriedigung kurzfristiger Bedürfnisse ausgerichtet war, sondern ihm ermöglichte, Geschehnisse in einem größeren politischen Rahmen zu sehen und Abläufe auf weitere Sicht zu planen. Ähnlich müssen die Türk zu jener Zeit von Tonjukuk gedacht haben. Es ist bisher kein so großartiges alttürkisches Denkmal gefunden worden, das einem Türken errichtet wurde, der seiner Abstammung nach nicht einmal zum Adelsgeschlecht der A-schi-na gehört hat.

Wie von anderen Reichen auch, wäre es auch von den türkischen Reichen falsch anzunehmen, sie seien plötzlich aus dem Nichts aufgetaucht, sondern eine Reihe von Umständen und Abläufen und Konstellationen haben dazu geführt. Und Mangel an historischem Material darf nicht dazu führen, die Entstehung eines Reiches von der kraftvollen Persönlichkeit seines Herrschers abhängig zu machen, wie dies in der Darstellung der frühen türkischen Geschichte mit Bezug auf das erste türkische Reich im ›Handbuch der Orientalistik‹ noch gemacht wird.

Es soll hierbei nicht bezweifelt werden, daß das Geschick eines Staates auch von der Persönlichkeit des Kağans abhing. So war die Macht eines Kağans durchaus abhängig von seiner Unternehmungslust und seinem Wagemut, ja gerade durch sie mußte er häufig unter Beweis stellen, daß er in der Lage war, seine Macht zu erhalten. So müssen unter diesem Blickwinkel auch viele Überfälle der Türken auf China gesehen werden. Nach den chinesischen Quellen unternahm Eltäriş in den ersten fünf Jahren seiner Macht zwischen 682 und 687 mindestens elf Raubzüge auf chinesisches Gebiet.

Das wird nicht immer nur wegen der zu erwartenden Beute der Fall gewesen sein, denn oft platzten die Türken mit ihren Überfällen ganz unerwartet in eine Zeit der friedlichsten bilateralen Beziehungen, Zeiten, zu denen nicht nur der Warenaustausch blühte, sondern in denen sich die Chinesen auch das Ruhighalten der Türken durch reichliche Geschenke, sprich Tribute, erkauften. Meist folgten auf die Überfälle gleich wieder Friedensangebote der Türken, die auch in den meisten Fällen von den Chinesen nur zu bereitwillig angenommen wurden und bei denen man als Zeichen des Einverständnisses nicht nur Mengen von Geschenken, z. B. Zigtausende Ballen Seide, den Türken schickte, sondern dem Kağan darüber hinaus noch einen ehrenvollen Titel verlieh. Wenn bei dieser sogenannten Politik der Güte und der Schwäche die Türken sich dennoch mindestens jedes Jahr einmal zu einem großen Überfall veranlaßt sahen, so hatte das sicherlich innen- wie außenpolitische Gründe. Da eine Eroberung Chinas von den Türken offenbar nie angestrebt wurde – wie aus der Art der Raubzüge zu schließen ist –, müssen diese Überfälle vor allem als Machtdemonstration verstanden werden. Nach innen hin wurde den untergebenen Stämmen Mut und Stärke des Kağans signalisiert, was dauernd notwendig war, da es in dem großen Verband immer Stämme gab, die sich aus dem Verband lösen wollten. Sowohl durch den Anreiz der Beute, aber auch durch die Demonstration der Macht wurden sie vor dem Versuch des Abfalls gewarnt.

Nach außen hin galt diese Demonstration sicher auch den Chinesen. Auch sie sollten erkennen, wie stark ihr Gegner war, und sich veranlaßt fühlen, ihre Politik der Güte und der Schwäche beizubehalten und mit der Zahlung der Tribute nachzukommen, wenn nicht gar, sie zu erhöhen. Es ist klar, daß diese Art von Politik leicht überzogen werden konnte, wie es uns die weiteren Ereignisse des türkischen Reiches zeigen werden.

Zur Zeit des Eltäriş allerdings versuchte China noch, auf die türkischen Überfälle direkt durch militärische Aktionen zu reagieren, mußte aber mehrfach schwere Niederlagen hinnehmen. Eltäriş starb wohl Ende 691, Anfang 692.

692 wurde zwar die Grabstele errichtet, aber wie wir wissen, fanden die Bestattungszeremonien oft erst ein halbes Jahr nach dem Tode des Verstorbenen statt. Eltäriş starb eines für jene Zeit eher außergewöhnlichen Todes, nämlich eines natürlichen.

Es heißt im ›T'ang-shu‹, daß Eltäriş's Sohn noch zu jung gewesen sei, um den Thron zu besteigen. So habe sein jüngerer Bruder Moch'uo die Macht an sich gerissen. Seinen türkischen Namen kennen wir aus den Inschriften: Kapaġan. An sich war es ja bei den Türken nicht ungewöhnlich, daß ein Bruder die Nachfolge des Herrschers antrat, aber Kapaġan wird von chinesischer Seite überhaupt äußerst negativ dargestellt, als ungewöhnlich brutaler, auch seinen Untertanen gegenüber harter, unnachsichtiger Herrscher. Das ist kein Wunder, führte sich Kapaġan doch in China kurz nach Regierungsantritt gleich auf sehr unsympathische Weise ein: Im Jahre 693 überfiel er die Provinz Ling-chou und ermordete und verschleppte eine große Zahl von Zivilpersonen wie von Staatsbeamten.

Die militärische Reaktion der Chinesen kam zu spät und wurde eingestellt, da kein Feind mehr anzutreffen war. Dafür kam kurze Zeit darauf eine Gesandtschaft der Türken, die China den Frieden anbot. Kapaġan leitete hiermit jene Phase der türkisch-chinesischen Beziehungen ein, über die wir eben gesprochen haben: diese besondere Art chinesischer Befriedungspolitik, die China nahezu in tributäre Abhängigkeit von den Türken brachte. Die Kaiserin Wu Tsê-t'ien schickte Kapaġan nicht nur 5000 Ballen Seide, sondern ernannte ihn sogar zum Großadmiral und verlieh ihm einen hohen Titel, Kuei-kuo, der aber wohl ohne weitere Bedeutung war. Liu übersetzt ihn mit „dem Reich ergebener Herzog“ Und auf eine weitere türkische Gesandtschaft im folgenden Jahr folgte prompt die Verleihung eines weiteren Titels, Ch'ien-schan, „dem Guten zugewandt". Die offizielle Begründung hierfür war, daß Kapaġan eine Rebellion der Kitan nicht unterstützte. Man kommt aber um den Eindruck nicht herum, daß dieser Titel auch einen programmatischen Charakter hatte. Als hinfort „dem Guten Zugewandter" hätte Kapaġan sicherlich in Zukunft auf seine bösen Überfälle verzichten sollen. Wie sich zeigen sollte, war Kapaġan nicht der sensible Typ, der sich von solcherart moralischer Wegleitung beeinflussen ließ. Ganz im Gegenteil, nach der Verleihung eines weiteren Titels trieb er sein Spiel mit der Kaiserin so weit, daß er sie nicht nur bat, ihr Sohn werden zu dürfen, sondern auch seine Tochter mit einem Mitglied des Kaiserhauses verheiraten wollte. Darüber hinaus verlangte er, daß ehemalige untergebene Stämme der Türk, die vordem von den Chinesen auf chinesischem Territorium angesiedelt worden waren, wieder in das Gebiet der Türk entlassen werden sollten. Inwieweit es sich dabei auch um Sogder handelte, wie Kljaštornyj (1975) vermutet, ist nicht mehr nachzuweisen.

Auf die Sogder jedenfalls, auf ihre handwerklichen und landwirtschaftlichen Fähigkeiten, haben die Türk bestimmt Wert gelegt. Wie dem auch sei, die Chinesen entschlossen sich nach einigem Hin und Her und nach der Festsetzung des chinesischen Gesandten durch Kapaġan, den türkischen Wünschen voll zu entsprechen. Man schickte die sogenannten „unterworfenen Familien" zurück, schenkte den Türk eine große Menge Saatgut und 3000 landwirtschaftliche Geräte. Auch diese Angaben lassen vermuten, daß es sich bei den Zurückgeschickten zumindest zum Teil um Sogder handelte. Diese Handlungsweise der Chinesen führte verständlicherweise zu einem weiteren Anwachsen der Macht Kapaġans.

Sein Ansinnen, seine Tochter mit einem chinesischen Prinzen zu verheiraten, war ungewöhnlich, da in bisherigen Fällen die türkischen Kaġane sich eher für die Hand einer chinesischen Prinzessin für ihre Söhne interessiert hatten. Möglicherweise läßt dies den Schluß zu, daß Kapaġan als erster und einziger türkischer Herrscher sich mit dem Gedanken trug, China unter seine ständige Herrschaft zu bringen. Überhaupt ging sein politisches Engagement im China der T'ang über die Flüchtigkeit bisheriger nomadischer Aktionen weit hinaus. Als die Kaiserin Wu Tsê-t'ien einen Angehörigen ihrer eigenen Familie schickte, anstelle eines direkten Nachfahren der Familie Li, der Dynastie T'ang, reagierte Kapaġan sehr ungehalten und sperrte den entsandten Prinzen ein. Die Kaiserin Wu war nämlich ehemals eine Nebenfrau des Kaisers T'ai-tsung gewesen und danach eine Nebenfrau des Kao-tsung, der aber – weil er wohl in sie verliebt war – die eigentliche Kaiserin ausschaltete und Wu zur Kaiserin machte. Wu vermochte danach ihrerseits den Kaiser auszuschalten, den rechtmäßigen Thronfolger ebenfalls, und rief sich selbst zur Kaiserin aus, was das Interludium einer eigenen Chou-Dynastie von 690–705 zur Folge hatte.

Das alles hätte Kapaġan sicherlich nicht allzusehr irritiert – geschweige denn interessiert –, wenn die Kaiserin Wu nicht den ostchinesischen Adel protegiert hätte, der der eigentlichen chinesischen Tradition näherstand als den Führungspersonen aus dem Westen, unter denen sich eine Reihe von einflußreichen Persönlichkeiten befand, die der Tradition der Türk und vor allem der Topa nahestanden und die auch gern auf diese Verbindungen zurückgriffen. Als daher die Kaiserin einen Angehörigen ihrer eigenen Familie schickte, lehnte Kapaġan diesen – wie wir sahen – ab und verlangte die Wiedereinsetzung des von Wu abgesetzten T'ang-Kaisers.

Um dieser Forderung Nachdruck zu verleihen, unternahm er einen weiteren Einfall nach China. Nicht nur deswegen, sondern wohl auch, weil die Türk reichliche Unterstützung für ihre Forderung in China selbst hatten, verzichtete die Kaiserin Wu auf den Thron und setzte den ordnungsgemäßen Thronfolger ein. An den Überfällen der Türk änderte kein Thronwechsel etwas. In der Regierungszeit Kapaġans – also von 693 bis 716 – berichten die chinesischen Quellen allein von 25 Überfällen durch die Türk unter Führung Kapaġans. Seine Regierungszeit war zweifellos der militärische Höhepunkt der türkischen Reiche. Die erfolgreichen Beutezüge bedeuteten aber auch eine materielle Verbesserung des Lebens, die in der Köl-Tegin- und der Bilgä-Kaġan-Inschrift vielleicht etwas übertrieben dargestellt wird, wenn es heißt, daß die Sklaven selbst Sklaven gehabt hätten und die Diener selbst wieder Diener.

Kapaġans militärische Unternehmungen richteten sich aber nicht nur gegen China, sondern ebenso gegen türkische Stämme, die sich dem Machtbereich des Kaġans entziehen wollten. Dies scheint zu Zeiten Kapaġans und besonders gegen Ende seiner Herrschaft häufig der Fall gewesen zu sein. Die Chinesen nennen als Grund dafür die Härte Kapaġans gegen seine eigenen Untertanen, ohne darauf einzugehen, worin diese Härte bestand. Gegen die Stämme, die abfallen wollten, ging er jedenfalls mit aller Härte vor. Über einen Kriegszug gegen die Kirgisen lesen wir in der Köl-Tegin-Inschrift, Ost 35:

„Indem wir uns unseren Weg durch den lanzentiefen Schnee bahnten, zogen wir über das Kögmän-Gebirge und fielen über die Kirgisen her, während sie schliefen. Wir kämpften mit ihrem Kağan im Songa-Gebirge. Prinz Köl bestieg Bayarkus weißen Hengst und griff an. Er traf einen Mann mit dem Pfeil und stach zwei Männer in die Schenkel. Bei diesem Angriff brach der Feind dem weißen Hengst Bayırkus einen Schenkel. Wir töteten den Kağan der Kirgisen und eroberten ihr Gebiet."

Der erste Teil dieses Zitats zeugt davon, daß man mit äußerster Strenge und auch unter großen Strapazen handelte, wenn es gegen abfallende Stämme ging. Man sah im Abfallen nicht nur einen feindseligen Akt gegen den Kağan, sondern sogar einen Verstoß gegen die weltanschauliche Ordnung, so daß diese dadurch gefährdet war. Aber auch das Schicksal des abfallenden Stammes selbst war durch den Verstoß gegen die von Tängri, dem Himmelsgott, gewollten Prinzipien bedroht.

So bezeichnen die Inschriften einen solchen Versuch auch einfach und schlicht als „Unwissenheit": „*bilmädükin üçün,* weil sie es nicht wußten." Die häufigsten derartigen Aktionen richteten sich offenbar gegen die Ogusen. Im Jahre 699 gelang es Kapağan auch, die zehn Stämme der Westtürken unter seine Gewalt zu bringen. Ein Aufstand des Khans der Türgäş, der die Westtürken gegen Kapağan vereinen wollte, wurde niedergeschlagen und Kapağans Neffe, Mo-chi-lien im Chinesischen, an ihre Spitze gesetzt. Besonders in den letzten Jahren der Regierungszeit Kapağans häuften sich die Fälle, in denen türkische Stämme sich aus dem Machtbereich des Kağans entfernten und sogar bei den Chinesen Zuflucht suchten. Symptomatisch waren die Vorfälle auch in Zeiten großer Unruhe bei den Türken besonders, wenn die Nachfolge eines verstorbenen Kağans unsicher war.

So war es bei Kapağan. Im Jahre 716 wurde Kapağan nach einer erfolgreichen Strafaktion gegen den türkischen Stamm Bayırku auf dem Rückweg von Überlebenden des Stammes überfallen und getötet. Der Prinz Köl, der Sohn Eltäriş's, dem 732 die Grabstele errichtet wurde, deren Text wir schon mehrmals zitiert haben, war schon seit mehreren Jahren als Heerführer Kapağans erfolgreich gewesen. Der Inschrift nach soll er den eben erwähnten Kriegszug gegen die Oğuz im Alter von sechzehn Jahren unternommen oder – höchstwahrscheinlich – daran teilgenommen haben. Er ließ Bögü, den Sohn Kapağans, und dessen ganze Familie, wie auch dessen Berater mit Ausnahme Tonjukuks töten und verhalf seinem älteren Bruder auf den Thron; dessen oben schon erwähnten Namen Mo-chi-lian kennen wir nur aus den chinesischen Quellen. Aus den Orchon-Inschriften erfahren wir nur seinen Beinamen: Bilgä Kağan, der weise Kağan, der bisher – von seinem Onkel Kapağan eingesetzt – den westtürkischen Teil verwaltet hatte. Das ›T'ang-shu‹ sagt von ihm, er sei gütig und freundlich von Natur gewesen. Wir finden aber weder in den chinesischen noch in den türkischen Quellen explizite Aussagen, auf die sich das begründet hätte. Vielleicht spielt auf chinesischer Seite eine Rolle dafür, daß Bilgä Kaġan die Chinesen – im Gegensatz zu seinem Vorgänger – weitgehend mit Überfällen verschonte. Er hatte auch alle Hände voll zu tun, um sein Reich zusammenzuhalten, da sich – wohl im Zuge der ungewissen Zeit seiner Machtübernahme – immer stärkere Tendenzen der Auflösung unter den Türken bemerkbar machten. Auch jetzt waren dabei die Oġuz die unruhigste Gruppe: Im Jahre 718 versuchten sie, nach China zu entkommen, wurden aber von den Türk abgefangen und zur Umkehr gezwungen. Und allein im Jahre 720 gab es fünf militärische Aktionen gegen die Oġuz. Nach den chinesischen Quellen wird Bilgä Kaġan insbesondere von Tonjukuk unterstützt, der als einziger der ehemaligen Ratgeber Kapaġans die von Köl Tegin veranlaßten Morde an den Familienmitgliedern dieses Kaġans und seinen Ratgebern überlebt hatte, da er Bilgä Kaġans Schwiegervater war.

Die Person Tonjukuks betreffend sollte hier nicht unerwähnt bleiben, daß zwischen der ausführlichen Würdigung seiner Verdienste in den türkischen Inschriften und den biographischen Angaben zu seiner Person in den chinesischen Quellen erhebliche Unterschiede bestehen.

Die chinesischen Quellen erwähnen ihn erst unter dem Namen T'un-yü-ku in Verbindung mit diesem dritten Herrscher der Türk, Bilgä Kaġan, der ihn nach seiner Thronbesteigung zum Hauptratgeber ernannt haben soll, als Tonjukuk schon im hohen Alter von 70 Jahren war. Er soll davor nur einer von den gewöhnlichen Beratern des Kaġans gewesen sein, was der Darstellung seiner Wichtigkeit und seiner enormen Leistungen schon unter Eltäriş erheblich widersprechen würde. Eine mögliche Erklärung ist, daß er im Zuge der Säuberung von Anhängern Kapaġans als einziger Überlebender degradiert wurde. Im weiteren Verlaufe erwies er sich aber als ergebener und weiser Ratgeber auch Bilgä Kaġans, der nicht müde wurde, die Türken sowohl vor leichtsinnigen Handlungen als aber auch vor untürkischer und unnomadischer Lebensweise zu warnen.

Als Bilgä Kaġan, kurz nachdem die türkischen Stämme wieder zusammengeführt waren, eine gewisse Stabilität eingetreten war, die Türk aber von den Kämpfen und einer dazukommenden Hungersnot geschwächt waren, zu einem Raubzug gegen China aufbrechen will, warnt Tonjukuk, daß in China Zufriedenheit und Stabilität herrsche und die Türken noch einige Zeit Ruhe und Pflege bräuchten. Dieser Ratschlag mag auch zur Wertschätzung Tonjukuks bei den Chinesen beigetragen haben. Durch diesen Ratschlag kam es nach vielen Jahren der Auseinandersetzung schließlich zu einem relativ erträglichen Verhältnis zwischen den Türken und China. Ein Umstand auch, der die Erklärung dafür ist, daß wir auf den Grabstelen Bilgä Kağans und Kōl Tegins chinesische Inschriften finden, diejenigen auf Köl Tegins Stele sogar vom T'ang-Kaiser Hüan-Tsung persönlich verfaßt. Ein Umstand aber auch, der die latente Sympathie türkischer Führer für das chinesische Leben förderte. Vielleicht läßt sich dadurch erklären, warum Bilgä Kağan beabsichtigte, befestigte Ortschaften, buddhistische und taoistische Tempel bauen zu wollen, es aber auf Tonjukuks Warnung hin unterläßt:

„Die Türk", sagt er, „sind an Zahl sehr gering; nicht einmal ein Hundertstel der Bevölkerung der T'ang. Daß wir trotzdem den T'ang immer wieder Widerstand leisten konnten, verdanken wir gerade der Tatsache, daß wir Wasser und Gras suchend herumziehen, keinen beständigen Wohnort haben und von der Jagd leben", und: „Die Lehren in den buddhistischen und taoistischen Tempeln bringen den Menschen nur Güte und Nachgiebigkeit bei. Das ist nicht der Weg zum Kriegführen und Machterwerben. Darum dürfen wir keine Tempel bauen!"

Die Zusammenarbeit dieser drei sowohl von den Türken wie von den Chinesen geschätzten und geachteten Männer ermöglichte dem türkischen Reich 18 Jahre einer vorher nicht gekannten Stabilität. Um so abrupter kam das Ende dieses Reiches nach dem Tode dieser drei kurz hintereinander in den Jahren 732 bis 734. Erst starb Köl Tegin, dann Tonjukuk, dann wurde Bilgä Kağan ermordet. Auch auf seinen Tod folgten wiederum Wirren, die durch den latenten Dezentralismus der Stammesföderation bedingt waren. Die Nachfolger Bilgä Kağans, deren Namen wir nur in chinesischer Transkription kennen, erst I-ran und wohl nach einer Regierungszeit von acht Jahren Tengli – türkisch Tängri – wurden mit den Erhebungen anderer türkischer Stämme nicht fertig. Als die Basmıl, die Karluk und die Uiguren zu mächtig wurden, flohen die letzten Angehörigen des Hauses A-shihna an den chinesischen Hof. Diese Ablösung eines türkischen Herrschergeschlechts durch ein anderes und die politischen und kulturellen Folgen werden Gegenstand eines späteren Kapitels sein.

*Lesevorschläge:*
An Darstellungen der alten türkischen Geschichte mangelt es im Prinzip nicht. Sie finden sich jedoch zumeist in nicht immer leicht zugäng-

lichen Handbüchern. Ein Mangel, der darüber hinaus die meisten Abhandlungen auszeichnet, ist das große Maß an Spekulation, mit dem sie abgefaßt worden sind.

Zum ersten türkischen Reich (552–680) kann gar keine Leseempfehlung gegeben werden. Die seriösen Ausführungen bei GROUSSET und SINOR (1969) sind noch knapper als diejenigen in der vorliegenden Einführung. Eine trotz der häufig – meist zu Unrecht – vorgebrachten Kritik sehr brauchbare Darstellung des 2. Reiches ist nach wie vor GIRAUD (1960). Sie diskutiert sehr ausführlich die historischen Ereignisse, Politik, Soziologie und Sprache des in Frage stehenden Zeitraumes. Ihr größter Mangel ist freilich, daß in den dreißig Jahren seit ihrem Erscheinen neue Forschungen zu mehr Ergebnissen gekommen sind.

Nicht jedem mag das trotz einiger Mängel ganz brauchbare Bändchen in türkischer Sprache von MERAM zugänglich sein, das die beiden ersten Reiche behandelt.

Die umfangreichen Monographien von CHAVANNES (1903) zu den West-Türk und von LIU-MAMAU TSAI zu den Ost-Türk bestehen in der Hauptsache aus Übersetzungen von relevanten Stellen aus der chinesischen Historiographie. Sie im einzelnen zu studieren dürfte für den Fachmann von Interesse sein. Die Bände enthalten jedoch auch knappe Zusammenfassungen der historischen und kulturwissenschaftlichen Ergebnisse.

## DIE ALTTÜRKISCHE KULTUR IN DER STEPPE

### *Bauliche und schriftliche Hinterlassenschaften*

Verschiedene Zitate, die in dem vorhergehenden Kapitel herangezogen wurden, stammen ja – wie gesagt – aus türkischen Grabinschriften. Diese Inschriften sind die ältesten bisher gefundenen Zeugnisse türkischer Sprache, aus der ersten Hälfte des achten Jahrhunderts. Nicht alle Inschriften waren – wie wir oben gehört hatten – Grabinschriften, und auch nicht alle Stelen, die errichtet wurden, waren Grabstelen. Letzteres gilt zumindest für einige Inschriften vom Jenissei, doch auch die Stelen, die wir auf Grund des Inhalts ihrer Inschriften und auf Grund des architektonischen Komplexes, zu dem sie gehörten, einwandfrei als Grabstelen bezeichnen wollen, sind in dieser Hinsicht nicht so unproblematisch, denn bei keiner dieser Anlagen haben Ausgrabungen sterbliche Überreste von Menschen zu Tage gefördert. Das hat Anlaß zu der Vermutung gegeben, daß die Anlagen, die ihrem Aufbau nach zweifellos Grabanlagen sind, lediglich die Funktion von Denkmälern hatten, die eigentlichen Bestattungen aber an einem anderen – bewußt verborgenen – Ort stattfanden, um Plünderungen oder Leichenschändungen zu vermeiden. Wenn bei den Türken jener Zeit eine normale Erdbestattung üblich gewesen wäre, sollten wir bei dem Alter der Gräber von nicht einmal 1200 Jahren und der relativ trockenen Bodenbeschafffenheit doch zumindest Skelettreste vermuten. Andererseits können wir aus den Resten der Grab- oder Denkmalanlagen ersehen, daß sie mutwillig zerstört wurden und bei dieser Gelegenheit natürlich auch alle sterblichen Überreste beseitigt worden sein können. Chinesische und griechische Quellen berichten allerdings, daß bei den Türken die Feuerbestattung üblich gewesen sei. Aber auch in diesem Falle sind zumeist Knochenreste vorhanden, oder zumindest hätten chemische Analysen Reste organischen Materials erweisen sollen. Die Erforschung weiterer Denkmäler wird hier noch unerläßlich sein.

Der Wert der Runeninschriften liegt nicht nur in der Fülle des frühesten sprachlichen Materials, das sie uns bieten, sondern auch in den historischen Angaben, die in der biographischen Art der Texte bedingt sind, und in Äußerungen, deren Interpretation uns einen

– wenn auch beschränkten – Einblick in das kulturelle Leben der Türken erlaubt. Außer den Steininschriften wurden in runentürkischer Schrift auch einige wenige Handschriften gefunden. Davon etwas später.

Alle Denkmäler des alttürkischen steinernen Schrifttums, die bis heute in der Mongolei entdeckt wurden, stammen aus der Zeit des zweiten türkischen Kaġanats (682–745) und dabei besonders aus den 20er und 30er Jahren des achten Jahrhunderts und aus dem uigurischen Kaġanat (745–840). Die wichtigsten Gruppen sind dabei Inschriften, die am Orchon gefunden wurden. Sie enthalten nicht nur die umfangreichsten Texte, sondern sind alle – mit Ausnahme von einem, bei dem es nicht ganz sicher ist – mit bestimmten historischen Persönlichkeiten in Verbindung zu bringen, also eindeutig datierbar, und sind darüber hinaus Teil einer komplexeren architektonischen Anlage, als bis vor kurzem noch vermutet wurde. Die Maße der Stelen selbst schwanken dabei stark, sie sind dabei jedoch selten weniger als zwei Meter, manchmal über drei Meter lang. Zumindest die längeren Stelen wurden wahrscheinlich im Liegen behauen und dann aufgerichtet. Darauf deutet auch, daß die Schriftzeichen meist auf dem Bauch liegen. Ohne an dieser Stelle schon ausführlicher auf die Schrift einzugehen, soll doch gesagt werden, daß die Schrift von ihrer graphischen Gestaltung her den germanischen Runen ähnelt und daher auch diesen Namen bekommen hat. Sie ist ebenso eckig, und ihr liegt das Zusammenspiel von waagerechten, senkrechten und diagonalen längeren oder kürzeren Strichen zugrunde: nur bei wenigen Zeichen gibt es Rundungen. Das aber macht ihre Ähnlichkeit mit den Runen schon aus, und es besteht keinerlei Anlaß, eine Verwandtschaft zwischen beiden Schriften zu vermuten.

Texte in türkischer Runenschrift sind nicht nur von den Türk verfaßt worden, sondern nachweislich auch von den Uiguren und den Kirgisen, von den letzteren möglicherweise schon eine ganze Zeit vor ihrer Machtübernahme in der Steppe im Jahre 840. Aufgrund der Gestaltung der Schriften, wie dem Vorhandensein von Zeilenlinien und von paläographischen Charakteristika, aber auch aufgrund historischer Tatsachen ist anzunehmen, daß zumindest zwei Stelen vom oberen Jenissei, wo die Kirgisen jener Zeit lebten, von ihnen stammen. So ist eine Stele für einen Stammesführer namens Bars errichtet, der im Kampf gegen einen übermächtigen Feind umkam. Wir lesen in der Köl-Tegin-Inschrift von dem Kriegszug der Türk gegen die Kirgisen, demselben Ereignis, zu dem wir schon einmal zitiert haben, eine weitere Erwähnung Ost-Seite Z 20:

„Es war Bars-Beg. Wir selbst hatten ihm den Titel eines Kağan gegeben. Auch hatten wir meine jüngere Schwester – die Prinzessin – zur Frau gegeben. Er aber hat uns verraten. Deshalb wurde der Kağan getötet, und sein Volk wurde zu Sklaven und Dienern."

Auch der Inhalt der zweiten Stele, die einem Mann errichtet wurde, der als Gesandter der Kirgisen nach Tibet ging, aber nicht zurückkehrte, stimmt durchaus mit den historischen Gegebenheiten und Angaben dazu in den chinesischen Quellen überein.

Die früheste datierbare Inschrift ist die bei Čoyren in der Ostgobi-Aimak gefundene, die aus den Jahren 688 bis 691 stammen soll, also kurze Zeit nach dem zweiten Aufkommen der türkischen Macht. Bei der Vielzahl der Inschriften aus dieser und der daran anschließenden uigurischen Epoche erstaunt es, daß bisher keine datierbare Inschrift aus dem ersten Kağanat gefunden wurde, zumal paläographische und andere Merkmale wie Form oder die eben genannte Zeilenlinierung den Schluß zulassen, daß es Schreiber, oder sollen wir sagen Steinmetzschulen gegeben hat mit einem jeweils ausgeprägten, eigenen Stil.

Es darf nach heutigem Kenntnisstand angenommen werden, daß Stelen mit Inschriften, die zu einer Grabanlage gehörten, für einen Angehörigen des Adels errichtet waren. Gräber von einfachen Menschen bestanden aus Steinhaufen, die nach chinesischen Berichten über der Stelle errichtet wurden, an der ihre Asche vergraben war.

Um einen Eindruck von der komplexen Struktur einer Grabanlage zu bekommen, sehen wir uns das Grab Köl Tegins an, das 1958 von einer tschechoslowakisch-mongolischen Expedition unter der Leitung des tschechischen Archäologen L. Jisl ausgegraben wurde. Jisl konnte durch seinen plötzlichen, zu frühen Tod keine ausführliche Arbeit über die Expedition herausbringen.

Das Denkmal wurde 732 in türkischer und chinesischer Zusammenarbeit errichtet. Wir wollen uns hier nicht darum kümmern, welche Partei dabei mehr geschaffen hat als die andere, wie das die türkische Kunsthistorikerin E. Esin versucht hat, sondern wollen uns auf eine knappe Beschreibung des Denkmals beschränken. In der Inschrift selbst heißt es, daß Bilgä Kağan den chinesischen Kaiser um die Entsendung von Künstlern bat und daß diejenigen, die kamen, die Palastkünstler des chinesischen Kaisers gewesen seien. Die diesbezügliche Stelle im Hsin-T'ang-shu könnte man so verstehen, daß die Initiative vom chinesischen Kaiser ausgegangen sei. Gleichzeitig – d. h. mit der Entsendung eines Kondolenzschreibens – ließ der Kaiser für den Verstorbenen einen Grabstein errichten und verfaßte selbst die Grabinschrift (d. h. die chinesische Inschrift, die sich auf einer Seite der Stele befindet). Dann ließ er einen Grabtempel bauen, eine Statue aus Stein hauen und an den vier Wänden des Tempels die Kampfszenen, in denen der Verstorbene kämpfte, malen.

Die Marmorstele, die sich noch in aufrechter Position befindet, überragt einen rechteckigen Platz, der von einem Graben umgeben ist. Eine Reihe von 169 Steinen erstreckt sich über eine Länge von drei Kilometern in Richtung Osten. Dabei handelt es sich wohl um Balbals, steinerne Figuren, nur roh behauen, ohne charakteristische Züge, die einen getöteten Feind symbolisieren und die man einem Verstorbenen als Grabbeigabe mitgeben konnte, damit der getötete Feind dem Gestorbenen im Himmel zu Diensten sein konnte. Die der Grabanlage am nächsten stehenden Balbals tragen teilweise grobe Züge menschlicher Gestalt. Es soll sich bei ihnen wohl um hervorragende Anführer handeln. Teilweise findet man auch Balbals mit eingehauenem Namen. Die Ausgrabungen ergaben, daß die gesamte rechteckige Anlage, mit einer Länge von 67,25 m und eine Breite von 28,85 m, an der Innenseite des Grabens von einer Mauer aus gestampfter Erde umgeben war, ihr Rand war mit Ziegeln bedeckt. Der Graben ist an der Ostseite unterbrochen: hier lag der Eingang. Von hier erstreckt sich die Pflasterung, die den ganzen Innenraum zwischen den Mauern bedeckt und aus gebrannten, quadratischen Tonpflasterziegeln besteht. Rechts und links vor dem Eingang stehen zwei Widder aus Marmor gegeneinander gerichtet. Unmittelbar hinter dem Eingang senkt sich die Pflasterung zu einer Mulde, von deren oberem Rand eine unter der Pflasterung verlaufende Rohrleitung zum südlichen Graben führt. Daß die Rohrleitung am oberen Rand beginnt, läßt vermuten, daß sich dieser Behälter bei Regen mit Wasser füllen sollte. Dies, so meint Jisl, entspräche ähnlichen Einrichtungen in chinesischen Palästen, Tempeln usw. und solle bösen Mächten den Zutritt verwehren. Ich habe jedoch so etwas in der chinesischen Architektur nicht finden können.

Etwa 8 m vom Eingang nach innen steht eine Schildkröte aus Marmor, 2,25 m lang, in deren Rücken mittels eines Zapfens die Stele eingelassen war. Die Schildkröte mit Stele hatte ursprünglich nicht unter freiem Himmel gestanden, sondern befand sich in einem Pavillon, der von vier Holzsäulen getragen wurde, ein Giebeldach hatte und dessen Wände wieder aus gestampfter Erde bestanden. Einige Meter weiter westlich, im Zentrum der Anlage, befand sich das eigentliche Heiligtum, ein quadratischer Tempel auf einem knapp einen Meter hohen Fundament von 13 × 13 m. An jeder Außenwand war wahrscheinlich eine Drachenmaske angebracht, von denen eine noch gut erhalten war. Innerhalb der Mauern befand sich ein weiterer Raum, das eigentliche Innere des Tempels. Darin fanden sich zwei kopflose Figuren aus weißem Marmor, eine stellte zweifellos Köl Tegin dar, die andere seine Frau. Zwei weitere Figuren, je eine an der Nord-, eine an der Südwand des Innenraumes, könnte man als Wächterfiguren interpretieren.

In einer der drei Gruben, die offenbar Opfern dienten, fand sich der Kopf der Statue Köl Tegins, in der anderen die davon weggebrochene Tiara mit dem Relief eines heraldischen Vogels. Hinter den Opfergruben befanden sich mehrere Marmorblöcke, die teilweise gewaltsam aus ihrer ursprünglichen Stellung entfernt waren. Der Rest einer Feuerstelle in ihrer Nähe läßt es möglich erscheinen, daß es sich hier um einen Opferaltar handelte. Es gibt Hinweise darauf, u. a. Spuren einer Reparatur des Ziegelpflasters, daß das Denkmal über einige Zeit instand gehalten worden ist. Es wurden keinerlei Grabbeigaben gefunden. Dennoch wird bei der Zerstörung der Anlage nicht die Plünderung der erste Grund gewesen sein. Die mit großer Energie erfolgte Zerstörung der Statue Köl Tegins, der abgeschlagene Kopf und die abgeschlagene Tiara, bei denen die Bruchstellen abgeschliffen waren, wohl in der Absicht, eine Reparatur unmöglich zu machen, lassen nur den Schluß zu, daß hier das Andenken der Türk zerstört werden sollte.

Über die Täter kann man nur Vermutungen anstellen. Dagegen, daß die Uiguren es waren, spricht vielleicht der kurze Zeitraum von 13 Jahren, der zwischen der Errichtung des Denkmals und der Eroberung der Steppe durch die Uiguren 745 lag. Dagegen ist kaum denkbar, daß die Uiguren die Denkmäler der Türk gepflegt oder das auch nur erlaubt hätten. In Frage kommen weiterhin die Kirgisen, die die Macht über die Steppe etwa 100 Jahre später an sich rissen. Übrigens finden wir auch bei den anderen Gräbern ähnliche Spuren mutwilliger Zerstörung.

Die Statue Köl Tegins wurde sicherlich von chinesischen Künstlern gearbeitet, möglicherweise nach türkischen Anweisungen. Das sollte man jedenfalls aus der Gründlichkeit der Ausführung und einigen stilistischen Elementen schließen. Türkische Arbeit war die Beschriftung der Stele, von der in der Inschrift selbst der Neffe Köl Tegins mit Namen Yollug Tegin sagt, er habe zwanzig Tage dafür gebraucht. In der Vorstellung mancher moderner türkischer Schulbuchautoren ging das aber offenbar bedeutend schneller. Auf dem Umschlag eines Literatur-Lehrbuchs für das Gymnasium sehen wir im Vordergrund einen

Mann mit markigem Gesicht – ähnlich den Atatürk-Darstellungen –, der mit erhobenem Zeigefinger einen Text von einer Vorlage diktiert, und im Hintergrund wohl seinen Sekretär, der den Text in den aufrechtstehenden Stein meißelt.

An der ganzen Anlage fallen zunächst Parallelen zu chinesischen Grabanlagen auf. Die augenfälligste davon ist die Grabstele mit der Schildkröte als Fundament, was gleich an eine Entlehnung dieses Symbolismus aus dem chinesischen Bereich denken läßt. Hier wie dort ist die Schildkröte als Träger der Stele typisch für Gräber von Verstorbenen, die dem Adel angehörten, in China darüber hinaus für Angehörige der oberen Ränge der Beamtenhierarchie. Es gab hier genaue Vorschriften darüber, welche Art von Grab mit welchen Maßen jemandem zustand. Allerdings wurden die Vorschriften von Zeit zu Zeit und insbesondere mit der Gründung einer neuen Dynastie geändert. Die besondere Stellung der Schildkröte hat ihren Grund in der Rolle, die die Schildkröte in der chinesischen Glaubenswelt hat. In der kosmologischen Vorstellung sah man in ihrem Panzer die Wölbung des Himmels und in ihrer Unterseite die flache Scheibe der Erde. Deshalb und wohl auch wegen der Musterung ihres Panzers benutzte man Schildpatt schon in ältester Zeit für das Orakel, indem man es erhitzte und die dadurch entstehenden Risse interpretierte. Zuvor war der Text der Frage in das Schildpatt eingeritzt worden. Als sinnfälliges Symbol der Langlebigkeit, der Stärke und Stabilität steht die Schildkröte aber natürlich auch für Dauer und Festigkeit und ist damit Garant für Ordnung im Universum.

Diese besondere Rolle der Schildkröte in den kosmogonischen und kosmologischen Vorstellungen beschränkt sich allerdings bei weitem nicht auf China. So gibt es in Indien einen Schöpfungsmythos – einer von mehreren –, nach dem, wie es im ›Statapatha-brahmana‹ heißt, Prajāpati (Herr der Lebewesen) in Gestalt eines Kurma, also einer Schildkröte, alle Geschöpfe erschaffen hat.

Im Mythos von der Quirlung des Milchmeeres, bei der Amṛta, der Unsterblichkeitstrank für die vom Untergang bedrohten Götter, hergestellt werden soll, dient die Schildkröte als Grundlage für den Quirl, der Berg Mandara als Stock und der Schlangenfürst Vasuki als Seil, mit dem der Stock gedreht wird.

Auch in Tibet gilt die Schildkröte als Trägerin der Erde. Verschiedene Schöpfungsmythen sehen hier die Schildkröte nicht nur als Schöpfer der Lebewesen, sondern des Universums. So schwimmt eine Schildkröte im Urmeer, die auf den Meeresboden taucht und die Erde heraufholt, aus der sich die Kontinente entwickeln. In späterer lamaistischer Umformung erschafft der Bodhisattva Mañjusri eine riesige Schildkröte und läßt sie auf dem Wasser schwimmen, um ein sicheres Fundament für die zukünftige Welt zu schaffen.

Er verletzt sie mit einem Pfeil, verwundet fällt sie auf den Rücken und trägt seither die Welt auf ihrem Bauchpanzer. Aus Ausscheidungen ihrer Verletzungen werden die Elemente: Feuer aus dem ausgeatmeten Feuer, Wasser aus dem Blut, Erde aus dem Kot, Luft aus dem Atem. Wie alt die Grundlage dieser Umgestaltung ist, läßt sich nicht sagen. Interessant ist allerdings die offensichtliche Verbindung des Bauchpanzers mit der bildlichen Darstellung des Bhāvacakra oder tibetisch *srid-pai k'or-lo,* in dem die zwölf Glieder des Pratītyasamutpāda, der buddhistischen Kausalkette des Lebens, anscheinend mit den zwölf Gliedern des Tierkreiskalenders in Beziehung gesetzt werden. Die Schildkröte als Trägerin der Erde ist darüber hinaus bei einigen Indianerstämmen Nordamerikas verbreitet.

Eine ähnliche Funktion der Schildkröte im Weltbild der alten nomadischen Völker Zentralasiens können wir nicht nachweisen. Aber wir dürfen voraussetzen, daß unter den Völkern, die an der wechselvollen Geschichte Nordchinas bis zur T'ang-Zeit beteiligt waren – was auf türkische Stämme ebenso zutrifft wie auf mongolische, tibetische und iranische –, gewisse Mythen zum geistigen Allgemeingut gehörten. Das mag allerdings auch von der jeweiligen sozialen Stellung eines Individuums innerhalb des Stammes abhängig gewesen sein. Wie anders sollte man sich erklären, daß die Türk für ihre hochverehrten Verstorbenen Grabmäler errichteten, die nicht nur zum Teil von Chinesen gebaut sind, sondern auch architektonisch und künstlerisch an der chinesischen Glaubenswelt orientiert sind. Zumal auf den Stelen, die fester Bestandteil dieser Anlagen sind, ausführlich vor den Versuchungen der chinesischen Kultur gewarnt wird. Und zumal die Türk es keineswegs als opportun betrachten mußten, sich Chinesisches aufzwingen zu lassen. Wir dürfen wohl annehmen, daß die Türk, wie andere Völker dieser Zeit auch, mit gewissen chinesischen Glaubensvorstellungen, die u. a. den Tod betrafen, vertraut waren und ihr Kaġan sich darüber hinaus durch die Errichtung einer Stele, die auf einer Schildkröte stand, mit dem Privileg geehrt sah, das, wie wir sahen, in China nur den höchsten Würdenträgern zustand.

Auch waren die Türken dieser Zeit sicher nicht unvertraut mit dem Brauch, einem Verstorbenen eine kurze schriftliche Biographie in die Nähe des Grabes zu stellen, wie es bei den Chinesen seit der Han-Zeit üblich war.

Es überrascht bei den Orchon-Inschriften allerdings die Ausführlichkeit und Lebhaftigkeit der Darstellung. Dies verleitet zu der Annahme, daß die Orchon-Inschriften keinen Anfang der elegischen Biographie in türkischer Sprache darstellen, sondern sehr wohl im Rahmen einer Tradition zu stehen scheinen. Auch deutet die Verbreitung der Runeninschriften, die sich über das gesamte Siedlungsgebiet der Türken während der Zeit des Kağanats erstreckt, und die im Gegensatz zu den großen Inschriften laienhaft anmutende Ausführung kleinerer Felsinschriften darauf hin, daß ein relativ großer Personenkreis des Schreibens und Lesens mächtig war. Da wir anhand des vorliegenden Materials und auch durch bisher fehlende einschlägige paläographische Untersuchungen keine Spur einer Entwicklungsgeschichte der Inschriften-Texte und der Schrift selbst feststellen können, dürfen wir nur vermuten, daß die Texte, die wir schriftlich fixiert vorfinden, eine bisher tradierte mündliche Literaturgattung fortsetzen. Das ist nicht nur aus dem Umfang und dem äußeren Aufbau der Texte zu schließen, die eine als solche deutlich erkennbare Einleitung, einen längeren biographischen Hauptteil und ein Kolophon enthalten, sondern wir finden auch Hinweise darauf in der Sprache der Texte. Es ist mehrfach die Frage gestellt worden, ob es sich bei ihnen um Literatur handelt. Meines Erachtens sind zumindest Ansätze dazu gegeben, wie z. B. längere Sätze, die sich dann wieder mit kürzeren von annähernd gleicher Silbenzahl abwechseln. Besonders auffällig aber ist die große Anzahl von Alliterationen, die in Verbindung mit der Silbenanzahl dem Text bestimmte Rhythmen verleihen, so daß man sich die Texte leicht für den mündlichen Vortrag bestimmt vorstellen kann.

Nach wie vor sind diese türkischen Inschriften die frühesten Zeugnisse der Türken in ihrer eigenen Sprache, aber sie sind nicht die erste sprachliche Äußerung der Türken überhaupt. Im Jahre 1956 wurde – wie bereits oben erwähnt – eine Inschriften-Stele, die auf einer Schildkröte steht, von mongolischen Archäologen bei Bugut in der Provinz Archangaj in der Mongolischen Volksrepublik entdeckt. Sie ist etwa 2 m hoch, und in ihrer unmittelbaren Umgebung fanden sich die Fundamente von sechs Säulen, die offenbar ein Dach über der Stele getragen hatten. Erst zwölf Jahre später wurden Fotos einiger Zeilen wiederentdeckt und die Schrift als uigurische Schrift bezeichnet. Im selben Jahr fotografierte der russische Orientalist S. G. Kljaštornyj erneut die Stele, und aufgrund dieser Fotos gelang dem Iranisten Livsic die Identifizierung des stark beschädigten Textes als in sogdischer Sprache geschrieben, also einem mitteliranischen Idiom. Eine Seite der Stele enthält einen Text in Sanskrit, geschrieben in vertikaler Brāhmi, einer altindischen Schrift. Dieser Text von 20 Zeilen konnte bisher auf Grund des schlechten Erhaltungszustandes nicht entziffert werden.

Schon vor der Entzifferung des sogdischen Textes wiesen die Form der Grabstätte und die Schildkröte darauf hin, daß es sich um die Grabstele eines Angehörigen der türkischen Aristokratie handeln mußte. Abweichend von den Stelen, die wir aus dem zweiten Kağanat kennen, befindet sich an der Spitze anstatt der sonst üblichen Drachendarstellung ein Relief, das trotz seiner Beschädigung unschwer als die Darstellung einer Szene des türkischen Entstehungsmythos erkannt werden kann. Ein menschliches Wesen liegt unter einem Tier, das wohl einen Wolf darstellen soll. Es handelt sich mit großer Wahrscheinlichkeit um die Wölfin, die den Ahnherrn der Türken säugt, die Wölfin, die später mit dem heranwachsenden Knaben die Urväter zeugt.

Die Entzifferung der Inschrift erwies, daß die Stele zu Ehren des Mahan-Tegin errichtet wurde und hierin über die Einrichtung einer buddhistischen Gemeinde im Hasen-Jahre berichtet wird. Da das letzte Hasen-Jahr vor dem Tode von Nivar Kağan 580 aber das Jahr 571 war, muß die Errichtung der Stele in diesem Zeitraum stattgefunden haben.

Die Inschrift von Bugut beweist als erstes, daß es die Errichtung von Grabstelen für verstorbene Angehörige des Adelsgeschlechts bei den Türken auch bereits im ersten Kağanat gegeben hat. Sie kann zweitens, auch wenn sie nicht in türkischer Sprache abgefaßt ist, als Beweis dafür betrachtet werden, daß bei den Türken noch vor der Errichtung der Runendenkmäler die elegische Biographie bekannt war. Und sie ist drittens der Beweis für den Einfluß der sogdischen Kultur auf die türkische schon zur Zeit der ersten Phase des türkischen Kağanats und macht uns deutlich, in welchem Maße die kulturelle Entwicklung der Türken auch von Einflüssen abhängig war, die aus dem Westen Asiens kamen. Schon das bloße Vorhandensein von Alphabeten, die über iranische Vermittlung aus Vorderasien kamen und sich schließlich bis in die Mandschurei, also Ostasien, ausbreiten sollten, zeigt klar, wie sehr sich die Türken im Brennpunkt des Zusammentreffens indoiranischer Kultur einerseits und chinesischer Kultur andererseits befanden.

Das Ausmaß des Einflusses der Sogder auf die türkische Historiographie – wenn ich das mal so nennen darf –, auf die Gestaltung auch ihrer Texte in türkischer Sprache und Schrift, ist noch längst nicht ausreichend erforscht. Die Auseinandersetzung mit dem Problem der gegenseitigen kulturellen Beeinflussung von Iranern und Türken einerseits und Chinesen und Türken andererseits beschränkt sich immer noch weitgehend auf das Gebiet der Lehnwortforschung. Und leider muß man sagen, daß hier die Türken fast durchgehend als die Nehmenden und die anderen Völker als die Gebenden angesehen werden. Die Tradition, die Dinge so darzustellen, hat somit auch leider zur Folge, Einflüsse da nachzuweisen, wo es außer dem Spürsinn des Wissenschaftlers gar keinen Anlaß im untersuchten Gegenstand selbst gibt. Zwei Beispiele sollen genügen:

Das Wort *bäg,* das dem türkeitürkischen *bey* entspricht, hat in den ältesten türkischen Texten, also den Inschriften, drei Bedeutungen: 1. trug jeder Angehörige der Aristokratie die Bezeichnung, 2. war es der Titel eines Stammesführers, also des Führers der kleinsten politischen Einheit bei den türkischen Nomaden, und 3. konnte jede Obrigkeit in Heer und Verwaltung so bezeichnet werden.

Nun läßt kaum ein Wissenschaftler, der sich mit den alten Türken beschäftigt hat, das Wort *bäg* einfach ein türkisches Wort sein. Dabei wird etwa gleichmäßig häufig die These der Entlehnung aus dem Iranischen wie aus dem Chinesischen vertreten. Die Vertreter der iranischen These wollen *bäg* von Mitteliranisch *bag/baġ* ableiten, in der Bedeutung Gott/Herr/Lord. Welche Bedeutung im Iranischen selbst primär ist, ist meines Wissens nicht zu sagen.

Die Vertreter der chinesischen These wollen es von Chinesisch *pö* ableiten, das u. a. den älteren Bruder, aber auch den Angehörigen des dritten Grades des Adels bezeichnet. Die Form einer älteren, rekonstruierten Aussprache ist *b$^{i}$äk oder so ähnlich. Das Dilemma oder – je nach dem Standpunkt – auch das Erfreuliche an diesen Etymologien ist, daß sie rein linguistisch durchaus beide gleich gut möglich sind. Es stellt sich nur bei einem Wort wie *bäg,* das phonetisch und semantisch recht unkompliziert ist und so gut in die türkische Sprache paßt, die Frage, warum man dessen Ursprung unbedingt in einer anderen Sprache suchen muß, wenn das Wort dafür gar keinen Anlaß gibt.

Ebenso verhält es sich bei dem Wort *yük* Ladung, Last, das ohne linguistische Akrobatik mit dem Verbstamm *yüd-* in Verbindung zu bringen ist; wir haben zwar im Alttürkischen keinen Stamm *yü-* belegt, von dem beide Formen abzuleiten sind, aber da *yüd-* laden/aufladen bedeutet, dürfen wir durchaus einen Stamm *yü-* rekonstruieren, von dem *yük-* eine nominale und *yüd-* eine verbale Ableitung darstellen. Es ist daher schwer verständlich, wenn z. B. versucht wird, das Wort *yük* von Awestisch oder Sanskrit *yuga* „das Joch“ abzuleiten. Plausibler und wesentlich interessanter scheint mir P. Aaltos Hinweis auf manche formale Parallele zwischen türkischen und iranischen Inschriften. So lautet der erste Satz der ersten Zeile auf der Ost-Seite des Köl-Tegin-Denkmals:

„Als oben der blaue Himmel und unten die braune Erde geschaffen waren, wurden zwischen den beiden die menschlichen Wesen geschaffen. Über den Menschen wurden meine Vorfahren Bumın Kağan und Iştämi Kağan Herrscher."

Am Anfang der Naqš-i Rustam-Inschrift des Xerxes lesen wir:

„Ein großer Gott ist Ahura-Mazda, der diese Erde geschaffen hat, der darüber den Himmel geschaffen hat, der den Menschen geschaffen hat, der Wohlfahrt für die Menschen geschaffen hat, der Darius zum König gemacht hat . . ."

Der inhaltliche Unterschied ist offensichtlich: In der iranischen Inschrift ist von einem Schöpfer die Rede, in der türkischen nur von etwas Geschaffenem oder Gewordenem; die Frage nach dem Schöpfer wird hier nicht gestellt. Formal erinnert allerdings der Aufbau des türkischen Satzes an den iranischen, ohne daß er uns freilich beweiskräftig sein könnte für eine direkte Beeinflussung. Sie ist lediglich ein wenig wahrscheinlicher geworden in Anbetracht der Stele von Bugut, die ja eine türkische Biographie in sogdischer, also iranischer Sprache enthält.

Texte in sogenannter türkischer Runenschrift sind auch als Handschriften auf Papier geschrieben worden. Was erhalten geblieben ist, ist meist dermaßen fragmentarisch, daß wir diese Reste weder irgendwelchen bestimmten Texten oder gar Gattungen zuordnen noch sie datieren können. Die einzige recht gut und vollständig erhaltene Handschrift ist das sogenannte ›Irk-bitig‹, ein Orakelbuch, das in 65 Paragraphen kurze Auslegungen der Augenkombination von drei Würfeln bietet. Ohne daß das Büchlein aus einer iranischen Sprache übersetzt wäre, liegen ihm wohl doch Gedanken iranischen Ursprungs zugrunde, da das chinesische Orakel ja anders aussah, nämlich mit Hilfe von Stäbchen verschiedener Länge angefertigt wurde. Auch das ›Irk-bitig‹ ist schwer zu datieren. Möglicherweise stammt es aus dem neunten Jahrhundert.

## *Religion*

Der religiöse Glaube und die damit verbundenen Riten der alten Türken sind seit je in der wissenschaftlichen Welt heftig umstritten. Unsere Nachrichten darüber sind spärlich, und wir sind in der Hauptsache auf die Interpretation einiger Stellen in den Inschriften angewiesen. Auch berichten uns in diesem Fall die nichttürkischen Quellen nicht viel, und was sie mitteilen, muß noch kritischer gelesen werden als ihre Erwähnungen politischer und wirtschaftlicher Ereignisse, da religiösen Äußerungen und Handlungen für gewöhnlich mit mehr Vorurteilen begegnet wird.

Man kann sagen, daß es heute im großen und ganzen zwei vorherrschende Auffassungen über die Religion bei den alten Türken gibt. Die erste ist sozusagen eine türkische, zumindest eine unter türkischen Historikern weit verbreitete. Die zweite ist die unter nichttürkischen Historikern verbreitete Ansicht. Nach der ersten Ansicht gab es bei den Türken weder Totemismus noch Schamanismus, sondern schon immer den Monotheismus. So wird schon den Kindern in manchen Schulbüchern gelehrt, durch diesen Monotheismus seien die Türken für den Islam geradezu prädestiniert gewesen.

Tatsächlich kommt das türkische Wort für Schamane in den Inschriften nicht vor. Aber das seit Jahrhunderten belegte und in den nordosttürkischen Sprachen heute noch gebräuchliche Wort *kam* für Schamane läßt nur den Schluß zu, daß auch die alten Türken den Schamanismus kannten. Das wird durch die chinesischen Quellen durchaus bestätigt, wenn z. B. das Sui-shu sagt:

> „Sie (d. h. die Türk) verehren Geister und Götter und glauben an Exorzistinnen *(wu)* und Exorzisten *(hi)*."

Weiterhin erfahren wir, daß bei der Zeremonie der Inthronisation des Kaġan dieser mit einem Stück Seide so lange gewürgt wird, bis er fast bewußtlos wird und in diesem Zustand Worte stammelt, aus denen die Dauer seiner Amtszeit geweissagt wird. Dies erinnert doch wohl zumindest an shamanistische Elemente in der Glaubenswelt der Türken. Wie verbreitet der Schamanismus war, welche Formen er im einzelnen hatte, läßt sich allerdings nicht mehr sagen. Noch weniger wissen wir über den Totemismus unter den Türken, auf den allerdings auch verschiedene Indizien hinweisen. Das wichtigste davon ist der türkische Abstammungsmythos, nachdem – wie schon erwähnt – die ersten Türken von einem Mann und einer Wölfin gezeugt wurden. Das Relief auf der Stele von Bugut, das ja – mit größter Wahrscheinlichkeit – darstellt, wie die Wölfin den Jungen zunächst aufzieht, zeigt, welche Bedeutung dieser Mythos hatte. Im militärischen Bereich begegnen wir ebenfalls dem Wolf. Ein goldener Wolfskopf befand sich an der Spitze der Standarte, und *böri* = Wolf war die Bezeichnung ihrer militärischen Führer. Wir können aber nicht soweit gehen und sagen – wie das in manchen Büchern, z. B. im ›Handbuch der Orientalistik‹, der Fall ist –, daß für die Bezeichnung des Totemtiers *böri* immer mehr die Tabu-Bezeichnung *kurt* gebraucht wurde und sich immer mehr durchgesetzt hat.

*Böri* ist in den Inschriften ausreichend belegt und existiert weiterhin in den ost- und nordosttürkischen Sprachen. Hinweise auf eine Tabuisierung geben höchstens leicht von der Form *böri* abweichende Formen, die in osttürkischen und sibirischen Türksprachen vorkommen.

*Kurt* dagegen ist ein rein westtürkisches Wort, dessen Etymologie gänzlich unbekannt ist. Die Befürworter der Tabuisierungs-These stützen sich darauf, daß dasselbe Wort auch „Made, Wurm" bedeutet, und nehmen an, daß dies ursprünglich die Tabuisierungsbezeichnung für *böri* gewesen sein soll. Es scheint aber gerade merkwürdig, daß sogar die Urmutter des Volkes mit einer so elenden Bezeichnung belegt werden sollte. Wie dem auch sei, es bleibt die Tatsache, daß beide Völker einen sprachgeographisch verschiedenen Hintergrund haben.

Wie kommen nun namhafte Historiker, die sich in anderer Hinsicht mit anerkannten Werken ausgezeichnet haben, dazu, zu behaupten, die Religion der alten Türken sei monotheistisch gewesen? Manch tendenziöse Darstellung historischer Themen – wie z. B. die selbstverständliche Vereinnahmung der Hunnen als türkisches Volk, die türkische Identität der Kurden usw. – ist leicht auf dem Hintergrund der nationalistischen Euphorie der frühen Jahre der türkischen Republik zu verstehen. Die historischen Verfälschungen – oder auch nur Unbesonnenheit – zeitigen zu ernste Konsequenzen im täglichen Leben, als daß sie (auch an dieser Stelle) übergangen werden dürften.

Wie weit Wissenschaftler sich in unserer Thematik in ihren Spekulationen versteigen können, wird z. B. deutlich in der Stellungnahme B. Ögels, eines auch international anerkannten Historikers, der sich mit mehreren Büchern zur Geschichte der Türken und der Hunnen – die für ihn selbstverständlich Türken sind – zu diesem Punkt hervorgetan hat. In seinem Buch ›Türk Kültürünün Gelişme Çağları (Entwicklungsepochen der türkischen Kultur)‹ schreibt er unter anderem: „Schon in sehr früher Zeit kamen die Türken auf den Gedanken des ‚einen Gottes *(tek tanrı)*' auf Grund eines disziplinierten Lebens und ihrer Gesellschaftsordnung . . ." An anderer Stelle: „Monotheistische

Religionen findet man nur in Nationen, die ein hohes soziales Niveau erreicht haben; das ist ein unumstößliches Gesetz der Geschichtswissenschaft. Außerdem ist dieser Reifegrad *(olgunluk)* die höchste Stufe, die das menschliche Denken erreichen kann."

Der höchste Gott ist der divinisierte Himmel, der mit dem Wort *tängri* bezeichnet wird, das vielleicht nichttürkischen Ursprungs ist. Darauf weist unter anderem die von Sprache zu Sprache schwankende Aussprache *tängri* und *tangrı*. Es bezeichnet sowohl das Himmelsgewölbe als auch den Gott des Himmels. Neben oder unter ihm existieren eine Göttin der Fruchtbarkeit, Umay, die Erde als Gottheit, Yer und Sub, bestimmte Orte und Gewässer, denen Macht über die Menschen gegeben ist. Manchen türkischen Historikern reicht es, diese Religion als monotheistisch zu bezeichnen, weil „Tängri" der Allmächtige sei, so bei Kafesoğlu. Ögel bedient sich dagegen eines Tricks, indem er Schlüsse aus folgender von uns bereits zitierter Stelle der Köl-Tegin-Stele Ost Z I zieht:

> „Als oben der blaue Himmel und unten die braune Erde erschaffen war, entstand zwischen den beiden das Menschengeschlecht."

Ögel fragt nun – ganz abgesehen davon, daß er den Satz nicht richtig verstanden hat –, wer, wenn Tängri auch geschaffen worden sei, ihn denn dann geschaffen habe, und er gibt selbst die Antwort, daß das natürlich nur der Gott sein könne, so wie wir ihn verstehen.

Insgesamt ergibt sich aus den Inschriften in der Tat ein recht verworrenes Bild sowohl von Tängri selbst als auch von seiner Beziehung zu den anderen Gottheiten. Zunächst können wir auch nicht sicher sein, ob der Himmel geschaffen wurde. Die grammatische Form *kılın-* kann sowohl passivisch wie medial verstanden werden, so daß man sie vielleicht sogar mit „entstehen" übersetzen kann. Aus einer grammatisch unklaren Stelle sollte man keinen Beweis für einen Schöpfergott ziehen. Die eigentliche Bedeutung von *umay* ist Placenta, und schon dies ist ein Hinweis auf ihr weibliches Geschlecht. Sie taucht in den Orchon-Inschriften nur zweimal auf. Einmal wird Köl Tegins Mutter mit ihr verglichen. Eine andere Stelle in Tonjukuk II W 3, wo es um einen schwierigen Kriegszug geht, lautet:

> „Tängri und Umay und die heiligen Gebiete *(yer)* und Gewässer *(sub)* haben uns offenbar begünstigt usw."

Diese Stelle könnte nun den Schluß zulassen, daß Umay die weibliche Erdgottheit sei. Wir haben jedoch keinerlei weiteren Hinweis darauf, zumal ansonsten Tängri nur zusammen mit Yer bzw. Yer Sub auftritt. Dies ist eine weitere Schwierigkeit, die uns auch nicht erlaubt, klar zwischen Yer als Erdgottheit einerseits und Yer als heiligen Ort zu unterscheiden. Wir können nur schließen, daß dort, wo Yer zusammen mit Sub auftritt, es sich um heilige Orte handelt, während wenn Yer allein mit Tängri steht, es sich um die Gottheit Erde handelt, die vielleicht auch als Umay bezeichnet wird.

In dem eben zitierten Satz, den Ögel als Beweis für den Monotheismus heranzieht, scheinen die Adjektive blau bzw. braun darauf hinzudeuten, daß hier von den sichtbaren Naturerscheinungen die Rede ist, nicht hingegen im folgenden Satz BK N 10:

„... weil oben der Himmel und unten die Erde befohlen haben ...“

Hier ist eindeutig von dem handelnden Himmelsgott die Rede und darüber hinaus von der Erde, die dem Himmel fast gleichgestellt zu sein scheint und die an der Position steht, an der in der zitierten Stelle Tonjukuk II W 3 die Göttin Umay genannt wird, die ja ebenfalls mit Tängri, dem Himmel, zusammen agiert. Auch die sehr kurze und fragmentarische Inschrift von nur vier Zeilen, die bei Ulan-Bator gefunden wurde, gibt uns keinerlei Aufschluß, sondern höchstens noch mehr Rätsel auf. In der ersten Zeile wird das Kögmän-Gebirge genannt, in der zweiten steht „heilige Orte“ und „Gewässer“, in der dritten *kan tängri,* der „Herr“ Tängri, in der vierten *umay katun,* die „Frau“ Umay. Da diese Worte ohne weiteren Kontext dastehen, wäre es leichtsinnig, aus diesen Worten den Schluß zu ziehen, daß wir es hier mit einem Götterpaar zu tun haben. Selbst die Vermutung, daß es sich hier um eine spätere Entwicklung von Tängri und Yer handeln könnte, scheint mir bei diesem mageren Beleg zu gewagt. Giraud möchte allerdings bereits in den knapp 20 Jahren, die die drei großen Inschriften am Orchon auseinanderliegen, eine Entwicklung vor allem in der Vorstellung von Tängri sehen.

Tatsächlich ist die Rolle, die Tängri in der Tonjukuk-Inschrift – der frühesten der drei Inschriften – spielt, noch nicht die des starken, von sich aus befehlenden Gottes wie in Köl Tegins und Bilgä Kaġans Inschriften. Es ist nicht Tängri, der Himmel, der Eltäriş zum Kaġan macht, sondern Tonjukuk, wie aus dem schon erwähnten Zitat Tonjukuk I W 6 hervorgeht:

„Dann, da der Himmel mir Einsicht gewährte, machte ich selbst ihn zum Kaġan.“

Tonjukuk handelt auf eine Eingebung des Himmels hin, aber nicht auf dessen Befehl.

Aber auch an anderen Stellen der Tonjukuk-Inschrift, in denen Tängri einen Befehl erteilt, geschieht dies ausnahmslos im Interesse von Tonjukuk, wie z. B. II W 3–5 zeigt; als während eines Feldzugs die Soldaten der Türk sich vor dem Kampf mit dem übermächtigen Gegner scheuen, werden die Krieger unter dem Druck, den Tängri, Umay und die heiligen Orte sowie das Wasser ausüben, zum Kampf veranlaßt, wie Tonjukuk es wollte. Die Stelle dagegen, die in der Köl-Tegin-Inschrift und der Bilgä-Kaġan-Inschrift von der Errichtung des zweiten Reiches erzählt, hat im Vergleich mit der Nüchternheit der Tonjukuk-Inschrift einen schon mythischen Charakter, wenn es heißt (Köl Tegin E II):

„. . . damit das türkische Volk nicht vernichtet und damit es wieder eine Nation werde, hielten sie (d. h. *türk tängrisi* und die türkischen heiligen Orte und Wasser) meinen Vater Eltäriş Kaġan und meine Mutter, die *Elbilgä katun,* auf dem Gipfel des Himmels und erhoben sie in die Höhe."

Eine Steigerung des Mythischen sieht Giraud in der Intitulatio Bilgä Kaġans, die sowohl in der Köl-Tegin-Inschrift als auch in der Bilgä-Kaġan-Inschrift lautet: *tängritäg tängridä bolmış,* bzw.: *tängritäg tängridä yaratmış türk bilgä kaġan,* der himmelsgleiche im Himmel gewordene, bzw. im Himmel geschaffene türkische Bilgä Kaġan. Der enge Zusammenhang mit der chinesischen Auffassung vom Kaiser als dem Himmelssohn ist nicht von der Hand zu weisen, so daß sich in der Steigerung des mythischen Charakters des Himmelsgottes durchaus eine seit Tonjukuks Zeit zunehmende chinesische Beeinflussung ausdrücken könnte.

Wir sollten aber nicht vergessen, daß die Diskrepanzen zwischen der Biographie Tonjukuks, wie wir sie in seiner wohl von ihm selbst verfaßten Inschrift vorfinden, und den Angaben in den beiden anderen großen Inschriften, und besonders in den chinesischen Quellen, den Eindruck hinterlassen, daß Tonjukuks Leistungen teilweise übertrieben scheinen. Andererseits könnte Girauds These mit dem historischen Ablauf in Einklang stehen, da sich, zumindest in seinen frühen Jahren, die Türk – wie wir gesehen haben – von Fremdeinflüssen so weit wie möglich freizumachen versuchten und sich eine türkisch-nomadische Lebenshaltung und damit Weltanschauung erst im Aufbau bzw. Wiederaufbau befand, während in späteren Jahren, besonders unter Bilgä Kaġan, sich bereits wieder eine Vorliebe für chinesische Gedanken bemerkbar machte. Es ist allerdings klar, daß es sich hierbei um keine absolut neue Entwicklung, sondern um ein Wiederaufleben von Gedankengut handelt, das auch im ersten Reich schon verbreitet war. Zunächst einmal kennen wir ja die Warnungen aus den Orchon-Inschriften, nicht noch einmal in die gleichen Fehler zu verfallen, die vor allem in chinesischer Weltanschauung bestanden. Weiterhin kennen die chinesischen Quellen schon Nivar Kağan mit der Intitulatio „Vom Himmel geborener, weiser, heiliger Sohn des Himmels des Reiches der Groß-T'u-küe“ (nach der Übersetzung von Liu). Und nicht zuletzt finden wir Tängri in der Inschrift der Stele von Bugut als den Gott, der angerufen wird, als es um die Nachfolge nach dem Tode Muhan-Kağans geht. Trotz des fragmentarischen Zustandes der Inschrift und trotz der sogdischen Sprache dürfte daran kein Zweifel bestehen.

Gefragt wird hier ein Gott, der mit dem sogdischen Wort bezeichnet wird, was Herr und Gott bedeuten kann. Abweichend von den späteren türkischen Runentexten taucht dieses Wort einmal im Plural auf, an einer Stelle, an der auch um Rat oder Erlaubnis gefragt wird. Hiermit könnten *tängri* und *yer,* „Erde“, gemeint sein und damit erklärt werden, daß der Text von einem Sogder und aus sogdischer Sicht geschrieben wurde. Erstaunlich sind die nächsten beiden Zeilen, in denen im Anschluß an die Anrufung der Götter Bumın Kağan angerufen wird, der dem Taspar Kağan den Befehl erteilt, eine buddhistische Mönchsgemeinde zu gründen. Dies ist nicht nur ein weiterer Hinweis auf die Ahnenverehrung unter den Türken, sondern zeigt uns, wie sehr Religionen fremden Ursprungs zu dieser Zeit akzeptiert wurden. Dahinter müssen wir nicht eine besondere Frömmigkeit der Türken vermuten, sondern wir können es oder sollten es als Hinweis darauf deuten, daß die Türken beim Aufbau und der Konsolidierung ihres Staates die Rolle erkannt hatten, die Religion als Mittel politischer Integration spielt. Möglicherweise hatten sie den Buddhismus als sogenannte internationale Kraft erkannt, mit dem es möglich sein würde, sich der Sympathie weiterer Völker zu vergewissern.

Auf die Entwicklung des Buddhismus bei den Türken soll im Anschluß an die Besprechung der uigurischen Geschichte eingegangen werden, da die buddhistisch-türkische Kultur bei den Uiguren ihren Höhepunkt fand und alle buddhistischen Schriften der Türken, die auf uns gekommen sind, in uigurischer Sprache geschrieben sind.

### *Verwaltung*

Die Informationen in den türkischen Inschriften wie in nichttürkischen Quellen, die die Organisation des türkischen Kağanats betreffen, sind etwas zahlreicher als die Hinweise auf die religiösen Vorstellungen. Nichtsdestoweniger sind sie meist alles andere als eindeutig und oft widersprüchlich, so daß sich uns heute das gleiche frustrierende Bild bietet, wie wir es bei den Darstellungen des religiösen Lebens haben: Es gibt fast so viele Interpretationen wie es Wissenschaftler gibt, die sich mit dieser Frage beschäftigt haben. Es sollen deshalb an dieser Stelle vorwiegend die wenigen Fakten besprochen werden, die als gesichert gelten können, auch wenn kein vollständiger Konsens über sie herrscht. Die ungesicherten Punkte sollen in gebotener Kürze diskutiert werden.

Die kleinste politische Einheit im türkischen Kağanat war der Stamm. Wir dürfen aus einigen Stellen der Inschriften den Schluß ziehen, daß die türkische Bezeichnung dafür *bod* war. Dieses Wort, mit einem schon seltenen Kollektivsuffix versehen, dessen Ursprung nicht geklärt ist, dient zur Bezeichnung eines Stammesverbandes: *bodun*. Es muß eingeschränkt werden, daß dabei nicht klar ist, ob *bodun* auch die Bezeichnung für einen kleineren Stammesverband war, der nicht die Macht über das Gesamtreich hatte, oder nur für den Verband, der die Macht über das ganze Reich ausübte. In den Inschriften werden die Stammesverbände, über deren Eroberung berichtet wird, stets als *bodun* bezeichnet, so z. B. die Karluk, die Oğuz, die On ok, aber auch die Sogder und natürlich die Chinesen. Es läßt sich nicht mehr sagen, ob die Bezeichnung für die Stammesverbände auch nach ihrer Unterwerfung durch die Türk noch als *bodun* gilt. Soweit wir wissen – und wie ich auch schon erwähnt hatte –, legen die Inschriften den Schluß nahe, daß vier Begriffe unauflösbar miteinander verbunden sind:

Die Institution des Kağan, des uneingeschränkten Herrschers über einen *bodun*, der eine Föderation oder Großkonföderation von Stämmen ist. Dieser *bodun* trägt als abstrakte politische Organisationseinheit die Bezeichnung *el,* die aufrechterhalten wird durch *törü* = „das traditionelle ungeschriebene Gesetz“ oder einfach „die Institutionen des Reiches“.

Wir haben in den Inschriften einige Fälle, in denen andere Stammesverbände als die Türk als *bodun* bezeichnet werden, einen *kağan* haben und ein *el.* So wird in Köl Tegin E 20 das *kırğız bodun* erwähnt, von dem es E 36 heißt:

„*Kırğız kağanın öltürtümüz, ilin altımız* – Wir töteten den Kağan der Kirgisen und eroberten/übernahmen ihr Reich *(el)*.“

Der Stammesverband der Kırğız wurde nun keineswegs zerstört, sondern existierte weiter ohne seinen Kağan. Ob den unterworfenen Völkern ein Herrscher aus ihren eigenen Reihen belassen wurde oder ein Angehöriger des siegreichen Herrscherstammes an die Stelle des getöteten Kağans gesetzt wurde, wissen wir in den einzelnen Fällen nicht. Auf jeden Fall wurde die unterworfene Föderation einer Aufsicht unterstellt und war tributär abhängig.

Außer dem Begriff Kağan begegnen wir in den beiden ältesten Orchon-Inschriften und später wieder in den uigurischen Inschriften dem Wort Kan, dessen Unterschied zu Kağan wir jedenfalls nicht eindeutig definieren können. Es bezeichnet sicherlich den Herrscher eines Stammesverbandes überhaupt. Jedoch ist die Verwendung des Wortes schwankend, ganz abgesehen davon, daß er in der Köl-Tegin- und Bilgä-Kağan-Inschrift nicht mehr auftaucht. Zu Beginn der Tonjukuk-Inschrift begegnen wir dem Wort Kan in den ersten drei Zeilen gleich fünfmal. Die ganze Stelle lautet:

„Ich selbst, Bilgä Tonjukuk, wurde in China geboren. Das türkische Volk [so übersetze ich hier *bodun*] war (zu jener Zeit) China *(tabğaç eli)* unterworfen. Das türkische Volk fand keinen Kan und löste sich von China. Sie bekamen einen Kan. Dann gaben sie ihren Kan auf und wurden wieder China unterworfen. Dann muß der Himmel wie folgt gesprochen haben: Ich hatte euch einen Kan gegeben, aber ihr habt euren Kan aufgegeben und euch wieder unterworfen . . . im Lande *(yer)* der *türk-sir bodun* blieb kein Stamm *(bod)* übrig.“

Zwei Zeilen weiter, als Tonjukuk den zukünftigen „Eltäriş“, den „Reichssammler“ und Wiedererrichter der türkischen Macht, vorgestellt hat, sagt Tonjukuk: „Ich war es, der ihn zum Kağan machte.“ Nach dem, was ich vorher über die Zusammengehörigkeit von *bodun* und *kağan* gesagt habe, müssen wir hier den scheinbaren Widerspruch lösen, der sich daraus ergibt, daß zwar die Rede von einem *türk bodun,* aber nicht von einem *kağan* ist.

Letzteres entspricht der Tatsache, daß es in der Zeit vom Verfall des ersten türkischen Reiches 630 bis zur Machtübernahme Eltäriş's keinen Herrscher gab, der über ein unabhängiges *el*, ein Reich der Türken, geherrscht hat. Dennoch war die Stammesgemeinschaft der Türk nicht ausgelöscht, sondern existierte weiter; das erlaubt uns meines Erachtens auch, das Wort *bodun* mit Volk zu übersetzen, ohne eine nach außen wirksame politische Organisation zu implizieren. So wird dementsprechend in dieser Stelle der Inschrift auch nur den *tabġaç,* den Chinesen, ein *el* zugestanden, nicht aber den Türken selbst. „In ihrem Land/Gebiet *(yer)* blieb kein Stamm übrig“, heißt es nur. Die Problematik, die das Wort *sir* aufwirft, einmal beiseite lassend, müssen noch zwei Probleme geklärt werden: erstens das Wort *bod*, über das wir gesagt hatten, daß es die kleinste politische Einheit, den Stamm, bezeichnet. Wenn es heißt, daß kein *bod* mehr geblieben war, können wir das dahingehend verstehen, daß die politische Ordnung grundsätzlich erschüttert war. Wenn es kein *bod* mehr gab, kann aber von einem *bodun* als Terminus der politischen Organisation auch nicht mehr die Rede sein.

Meines Erachtens ist dies ein weiterer Hinweis dafür, daß wir das Wort *bodun* je nach Kontext als politischen Terminus bzw. in anderem Kontext als ethnosozialen Terminus auffassen müssen.

Es ist schwer zu entscheiden, ob auch das Wort *kan* zweierlei Bedeutung hat. Abgesichert scheint mir nur die Bedeutung „Herrscher“. Es ist sonst unerklärbar, warum Tonjukuk das Wort *kan* auch verwendet, wenn er eigentlich zum Ausdruck bringt, daß die Türk einen *kaġan* bekommen haben.

Selbst dem Tängri, kraft dessen der Herrscher zum Kaġan wird, wird dieses Wort in den Mund gelegt. Die zweite, allgemein akzeptierte Bedeutung von *kan*: „Herrscher über eine Stammesföderation“ kann dagegen zumindest für diese frühe Zeit nicht als gesichert gelten. Diese These stützt sich in der Hauptsache auf folgenden Satz, Tonjukuk I N 4:

> „Wir töteten ihren (d. h. der Kirgisen) Kan, da unterwarf sich das Volk der Kirgisen dem Kaġan (d. h. der Türk).“

Es gibt jedoch keinen Grund, hier *kan* nicht auch einfach mit dem Begriff „Herrscher“ zu übersetzen anstatt mit einem Herrschertitel.

Der Titel *kaġan* ist von hohem Alter. Die Türken übernahmen ihn von ihren Vorgängern in der Steppe, den Juan-Juan, die ihn ihrerseits übernommen hatten. Nach dem berühmten Sinologen Otto Franke taucht schon um 280 die chinesische Bezeichnung *k'o-han* für den Herrscher der Hsien-pi auf. Es ist dieselbe chinesische Transkription, die in türkischer Zeit den Titel *kaġan* wiedergibt. Es gibt keinen Anlaß, an der Identität des Titels bei den Hsien-pi, Juan-Juan und Türk zu zweifeln. Bumın hatte den chinesischen Quellen zufolge als erster türkischer Herrscher den Titel unmittelbar nach der Konsolidierung seiner Macht übernommen. Dazu hatte er sich, wie aus dem Chinesischen rekonstruierbar, den Beinamen *ellig* zugelegt, was soviel heißt wie „mit einem *el*/Reich versehen“, „ein Reich besitzend“. Irgendwann wird dann der gesamte Name des Kağans noch komplexer, indem – wie schon angedeutet wurde – zu Rangtitel und Beinamen eine Intitulation hinzutritt; so, wenn sich der türkische Herrscher, der üblicherweise in der Sekundärliteratur nur als Bilgä-Kağan bezeichnet wird, *tängritäg tängridä bolmış türk bilgä kağan* nennt, wobei – wie auch schon erwähnt – keine Einigkeit darüber besteht, ob das Wort *türk* hier das Ethnonym „türkisch" ist oder ein Adjektiv mit der Bedeutung „mächtig". Ebenso steht es mit *bilgä,* bei dem umstritten ist, ob es in diesem Kontext das für die frühe türkische Zeit sehr häufig belegte Wort für „wissend/weise" ist oder aber – in derselben Bedeutung – als Name aufgefaßt werden darf. Da wir ansonsten nur seine chinesische Bezeichnung kennen, die keinen Schluß auf irgendein türkisches Wort zuläßt, ist es zur Konvention geworden, diesen Herrscher als Bilgä Kağan zu bezeichnen. Ähnliches gilt für Köl Tegin. Dazu etwas später.

Auch wenn Tonjukuk in seiner Inschrift behauptet, er habe den Kağan Eltäriş eingesetzt – und es soll unbestritten sein, daß Eltäriş's Ernennung die ausschlaggebende Rolle gegeben hat –, erfahren wir doch aus anderen Inschriften, daß nach türkischer Meinung der Kağan vom Himmel eingesetzt ist, um die Menschen zu veranlassen, dem Willen der Götter entsprechend zu handeln. So lesen wir es in der Köl-Tegin-Inschrift zweimal, S 9:

> „Weil es der Himmel befahl und weil ich Heil habe, habe ich mich als Kağan auf den Thron gesetzt."

Mit Heil wurde dabei das Wort *kut* übersetzt, das ins Englische meist mit "favour of heaven" übersetzt wird und das Giraud einfach «fortune» nennt. Die zweite Stelle ist die bereits zitierte Zeile E 1:

> „Nachdem oben der blaue Himmel und unten die braune Erde geschaffen/entstanden waren, wurde zwischen den beiden das Menschengeschlecht geschaffen. Über das Menschengeschlecht setzten sich meine Ahnen Bumın und Iştämi (auf den Thron)."

Die schon erwähnte, von den chinesischen Quellen berichtete Zeremonie der Thronbesteigung, bei der der Kağan gewürgt wird, um in halber Bewußtlosigkeit orakelhafte Äußerungen zu stammeln, deuten auf die religiöse Funktion des Kağan hin, die man vielleicht gar als die des höchsten Schamanen oder Priesters bezeichnen könnte. Diese Annahme wird auch schon durch die Inschrift von Bugut gestützt, in der der Kağan die Götter um Rat fragt. Auch eine andere Funktion, die in den Inschriften deutlicher zum Ausdruck kommt, wird schon in der Bugut-Inschrift erwähnt.

Dort wird S 2 Z 3 von einem Kaġan gesagt, er habe Geld verteilt und das Volk gut genährt. Die Fürsorge für das Wohl seiner Untertanen ist auch der Anspruch, der in den Orchon-Inschriften an den Kaġan gestellt wird.

So sagt Bilgä Kaġan von sich (wortgleich in Köl Tegin E 29/Bilgä Kaġan E 23):

„Das nackte Volk habe ich bekleidet, das arme Volk reich gemacht, das wenige Volk zahlreich gemacht."

Dieser hohe moralische Anspruch an den Kaġan trifft aber zusammen mit anderen Qualitäten, die der Kaġan als oberster Befehlshaber des Heeres aufweisen muß. Sehr bezeichnend für die Rolle des Kaġans ist die Frage, die im Dede-Korkut-Epos an den Anwärter auf den Chan der Oghuzen gestellt wird:

„Hast du schon Köpfe abgeschlagen, Blut vergossen, Hungrige gespeist und Nackte gekleidet?"

Dieses Herrscherideal hat Doerfer treffend mit dem Ausdruck „hart nach außen, mild nach innen" bezeichnet.

Der Stellvertreter des Kaġans, Verwalter der westlichen Hälfte des Reiches und Anwärter auf die Thronfolgeschaft war der Tegin bzw. Köl Tegin; das ist der Titel, unter dem wir den Bruder Bilgä Kaġans kennengelernt haben. Dieses System der gemeinsamen Verwaltung des Reiches hat man in der Literatur oft als Doppelkönigtum bezeichnet. Davon aber kann keine Rede sein, da Kaġan und Tegin nicht ranggleich sind. Der Kaġan hat zwar Berater verschiedener Grade zur Seite stehen, ist aber absoluter Herrscher und kann seinen Stellvertreter, den Tegin, zu einem beliebigen Zeitpunkt ein- und absetzen. Es sind weitere Amtsbezeichnungen für das türkische Kaġanat bekannt. Aber weder über die Funktion noch über die Anzahl der jeweiligen Amtsinhaber können wir definitive Aussagen machen. Das gilt auch für die beiden meist erwähnten Ämter: *yabġu* und *şad.*

Das erste Wort stammt wahrscheinlich aus einer altaischen Sprache und ist als Rangbezeichnung auch schon beiden Juan-Juan belegt. Das zweite ist offenbar iranischen Ursprungs und geht auf dieselbe Wurzel wie *shah* zurück. Über ihre Funktion können wir nur soviel mit Sicherheit sagen, daß sie kleinere Teile des Reiches verwalteten, vielleicht über unterworfene Boduns als Verwalter eingesetzt waren. Die Anzahl der Yabġus und Şads scheint von Zeit zu Zeit zu schwanken. Prinzipiell war es möglicherweise so, daß sowohl dem Kaġan wie auch dem Tegin mindestens ein Şad wie auch ein Yabġu unterstanden.

Daß in der Verwaltung des türkischen Kağanats aber durchgängig ein dyadisches Prinzip vorliegt, wie Doerfer es ausdrückt, ist meines Erachtens nicht bewiesen.

Einige Stellen in byzantinischen und chinesischen Quellen geben Anlaß zur Vermutung, daß es zumindest zeitweise vier Kagane gab. Nach dem gegenwärtigen Stand der Wissenschaft sind diese jedoch nicht zu lokalisieren noch mit uns bekannten Namen zu indentifizieren.

## *Sprache und Schrift*

Die Sprache, in der die Inschriften verfaßt sind, wird herkömmlich als „Alttürkisch" bezeichnet. Doch ist dieser Terminus – wie die meisten Termini, die bei der historischen Gliederung der Türksprachen verwendet werden – nicht eindeutig und daher umstritten. Er bezeichnet nicht nur die Sprache der Inschriften, sondern auch die Sprache der Handschriften, die zeitlich später, aber vor der Islamisierung der türkischen Völker geschrieben wurden. Nicht nur weicht die Sprache der Handschriften von der der Inschriften in den meisten Fällen ab, auch sind beide in sich nicht einheitlich. Der deutlichste Unterschied in der Sprache der Inschriften ist der zwischen den Texten, die in der Zeit des zweiten oder „kök-türkischen" Kağanats geschrieben wurden, und denjenigen der Uiguren. Allerdings weist weder die Sprache der Inschriften so starke Differenzen auf, daß man hier klare Dialekte unterscheiden könnte, noch ist der Unterschied zwischen der Sprache der Inschriften und der Handschriften so groß, daß man von verschiedenen Sprachen reden könnte. All dies eingedenk der Tatsache, daß es ohnehin keine eindeutigen linguistischen Kriterien gibt, die allgemein akzeptiert, eine diesbezügliche Unterscheidung erlauben. Ob das Schwyzerdütsche eine Sprache oder ein Dialekt ist, dürfte eher eine Frage der kulturellen Identität, wie der Sprecher sie empfindet, sein, als eine Frage des Kategorieninventars der Linguisten.

Folgende Kriterien lassen sich bei einer Differenzierung zwischen der Sprache der Inschriften aus der frühtürkischen Periode und der uigurischen Periode und den uigurischen Handschriften, von denen allerdings erst später die Rede sein wird, feststellen. Ich will davon hier nur die prägnantesten herausgreifen. Allgemein akzeptiert hat man als grundsätzliches Unterscheidungskriterium ein phonetisches herangezogen: den Wandel des palatalen Nasals *ñ* zu *n* bzw. *y* in späteren Texten. So ist zu unterscheiden zwischen einem *añïġ* für schlecht in den Runeninschriften von einem *ayıġ* bzw. *añıġ* in den Handschriften.

Zahlreicher als die phonetischen – weil durch die Schrift auch nicht so eindeutig auszumachenden – Unterschiede sind die morphologischen. Besonders auffallend ist hier der sparsame Gebrauch des Pluralsuffixes. Das später in den Handschriften so häufig auftretende Pluralsuffix *-lar, -lär* tritt in den Inschriften nur an die Bezeichnungen menschlicher Lebewesen, so wie *bäg* > *bäglär.* Es gibt einige weitere Suffixe, die eine Mehrzahl ausdrücken, aber in der Anwendung ebenfalls auf die eine oder andere Art beschränkt sind. Das Substantiv wird in dieser Sprache endungslos als Kollektivum begriffen – es bezeichnet sowohl das Individuum als auch die Gesamtheit der Individuen einer Art oder Gattung. Dasselbe gilt für das finite Verb, das keine Pluralendung annimmt – im Gegensatz zu den meisten Handschriften, wo eine Pluralkongruenz vorhanden ist. Weitere Unterschiede sind in den verschiedenen Formen der Kasus und einiger denominaler und deverbaler Suffixe.

Besonders deutlich wird der Unterschied in der Syntax, indem die Sprache der meisten Handschriften u. a. untergeordnete Nebensätze schafft, d. h. Hypotaxe aufweist, was zum Teil auf die Einwirkung nichttürkischer Sprachen zurückzuführen sein mag. Die Sprache der Denkmäler, die eindeutig aus der Zeit des uigurischen Steppenreiches stammen, unterscheidet sich wenig von der Sprache der Denkmäler des zweiten türkischen Kaġanates, was ein Hinweis darauf sein kann, daß wir es bei dieser Sprache mit einer weitgehend autoritativen Schriftsprache zu tun haben, natürlich nicht im Sinne einer modernen Auffassung von Standardisierung und Normierung.

Man hat diese Sprache dann auch als eine Art Steppen-Koiné bezeichnet. Die Unterschiede zwischen der Sprache der meisten Handschriften und der der Inschriften sind immerhin so deutlich, daß wir sie mit eigenen Namen auseinanderhalten sollten, egal ob wir damit nun Dialekte oder Sprachen unterscheiden wollen. Für die Sprache der Denkmäler des türkischen Steppenreiches ist u. a. der Terminus „Türkütisch" vorgeschlagen worden, was auf die oben erwähnte, aus dem Chinesischen rekonstruierte Pluralform von Türk zurückgeht, die, wie oben gesagt, in keiner türkischen Quelle belegt ist und meines Erachtens auch deshalb unwahrscheinlich ist, weil nirgends in den Inschriften jemals der Name eines Stammes oder Volkes mit einem Pluralsuffix versehen ist. Offenbar ist bei diesen Bezeichnungen der kollektive Aspekt deutlich genug gewesen. Einen anderen Weg geht T. Tekin, der die Sprache der von ihm untersuchten Inschriften als „Orkhon-Turkic" bezeichnet, was vor ihm schon der Entzifferer der Inschriften, V. Thomsen, vorgeschlagen hatte: «turc de l'Orkhon» bzw. «vieux turc de l'Orkhon». Diese Bezeichnungen würden allerdings wieder die Sprachen der Inschriften von anderen Orten ausgrenzen und so z. B. die Bezeichnung Jenissei-Türkisch erfordern, eine Unterscheidung, für deren Rechtfertigung die linguistischen Kriterien aber nicht ausreichen. Meines Erachtens ist ein anderer Vorschlag Thomsens, nämlich «turc runique», also Runen-Türkisch, derjenige, der weder zu speziell ist, noch zu allgemein, da, wie oben gesagt, auch die Sprache der Denkmäler des uigurischen Reichs und der Handschriften-Fragmente in Runenschrift sich genügend ähneln, um mit demselben Begriff bezeichnet zu werden.

Die runenähnliche Schrift dieser Texte basiert in der Hauptsache auf senkrechten Strichen, die meist durch kurze diagonale Striche ergänzt werden, seltener durch waagerechte Striche und Rundungen. Die Schrift scheint somit äußerlich ideal für eine Schrift, die in Stein gehauen oder in anderes hartes Material geritzt wird, und vielleicht wurde sie gar zu diesem Zweck geschaffen. Darüber wird gleich zu sprechen sein. Sie wurde waagerecht von rechts nach links geschrieben, in einigen Inschriften vom Jenissei jedoch von links nach rechts, und manche Inschriften laufen auf einer Seite des Steins im Kreis herum, so daß der Schreiber, um die vor ihm liegende Fläche herumgegangen sein muß.

Die Anzahl von Schriftzeichen variiert leicht – ebenso wie die Form – nach der jeweiligen Gegend. Die Texte aus manchen Gegenden sind allerdings so kurz bzw. fragmentarisch, daß uns manche Schriftzeichen unbekannt bleiben.

Die Schrift der längsten und vollständigsten Inschrift der Orchon-Gruppe besteht aus 40 Zeichen, von denen aber zwei Silbenzeichen jeweils nur einmal auftauchen. Von den restlichen 38 Zeichen, die alle reichlich Verwendung finden, sind vier Vokalzeichen, die jeder zwei Vokale ausdrücken können, je eine palatale und eine velare Variante eines Vokals. So gibt es ein Zeichen, das für *a* bzw. *ä* stehen kann 𐰀, eines, das für *i/ı* stehen kann 𐰃, für *o* bzw. *u* 𐰆 und eines für *ö/ü* 𐰇. Verlesungen von z. B. *a* und *ä* werden durch das System der Doppelkonsonanten, d. h. ebenfalls palatale und velare, und dem Gesetz der Vokalharmonie – die nur bestimmte Vokale nach einem vorausgehenden Vokal zuläßt – verhindert. Lediglich eine Unterscheidung zwischen *o/u* und *ö/ü* ist durch die runischen Vokalzeichen nicht möglich. Von den verbleibenden 34 Zeichen sind 20 Konsonantenzeichen, die für Konsonanten stehen, die sich entweder in der palatalen oder der velaren Reihe befinden. Z. B. steht das 𐰉 für den Konsonanten *b* vor oder hinter dem *a/ı/o/u,* das Zeichen 𐰋 dagegen steht für *b,* wenn es vor oder hinter den hellen Lauten *ä/i/ö/ü* vorkommt. Die 20 Zeichen beinhalten außerdem immer das *a* bzw. *ä* vor dem konsonantischen Laut, den sie repräsentieren, so daß das Zeichen 𐰉 gleichzeitig für die Silbe und das Wort *ab* steht, welches „Jagd" bedeutet, und das Zeichen 𐰋 nur für den Laut */b/,* aber auch für die Silbe und das Wort *äb* in der Bedeutung „Zelt, Haus, Siedlungsplatz". Zwei weitere Zeichen stehen für Konsonanten, die gleichzeitig gerundete Vokale beinhalten. So kann das Zeichen 𐰸 für velares */k/,* aber auch für *ok/uk/ko* und *ku* stehen, das Zeichen 𐰜 für palatales */k/,* aber auch für *ök/ük/kö* und *kü.*

Unter den von mir hier aufgeführten Zeichen sind zwei, über die schon früh die Vermutung geäußert wurde, sie seien Ideogramme. Besonders augenfällig ist das bei dem Zeichen 𐰸, da *ok* das Wort für Pfeil ist. Weniger augenfällig ist das bei dem Zeichen 𐰋 , das ja auch die Lautfolge *äb* wiedergibt, welche als Wort auch „Gebäude" bedeuten kann.

Lediglich 7 Zeichen sind neutral in bezug auf ihre phonetische Umgebung, d. h., die Konsonanten, für die sie stehen, werden nur durch dieses eine Zeichen wiedergegeben. Drei Zeichen geben Konsonantenbündel wieder: *lt/nç/nt,* und drei Zeichen sind eindeutig Silbenzeichen, d. h., das Lautgebilde, für das sie stehen, ist nicht variabel. Das Alphabet der Jenissei-Inschriften und der Handschriften weicht nur in wenigen Zeichen von der Schrift der Orchon-Inschrift ab. Nicht unerheblich ist dagegen der Unterschied des paläographischen Charakters. Die einzige wirkliche Ligatur ist das Zeichen 𐰱 , das sich zusammensetzt aus 𐰲 für *ç/aç/äç* und dem Vokal */i/* 𐰃. Andere Zeichen, die für zwei Laute stehen – auch für zwei Konsonanten –, können nicht als Ligaturen bezeichnet werden, da die Buchstaben, die die einzelnen Laute, die das Lautgebilde ausmachen, wiedergeben, eine ganz andere Form haben, d. h. z. B., das Zeichen 𐰨 , das den Lautwert *nç/anç/änç* hat, besteht nicht aus einem der Zeichen für *n* oder/ und dem Zeichen für *ç/aç/äç.*

Die orthographischen Regeln sind recht vielfältig. Ich möchte hier nur ein paar der wichtigsten nennen, um nur einige Probleme der Lesung der Runenschrift exemplifizieren zu können.

Von den Vokalen wird anlautendes *a/ä* und *e* nicht angegeben. In einigen Fällen aber langes *ä.* Die anderen Vokale werden im Anlaut durch ihre jeweiligen Schriftzeichen angegeben. Auch inlautendes *a/ ä/e* der ersten Silbe bleibt unbezeichnet, während die anderen Vokale in der Regel bezeichnet werden. In nichtersten Silben werden in der Regel nur die gerundeten Vokale geschrieben, und auch meist nur, wenn sie auf Silben mit ungerundeten Vokalen folgen, z. B. *altun* $l^1t^1un$, bei *äkälärim* $k^2l^2r^2m$ (die hochgestellten Zahlen sind die konventionalisierte Kennzeichnung der velaren (1) bzw. der palatalen (2) Konsonanten), sind die Vokale durch die palatalen Konsonantenzeichen weitgehend unproblematisch. Lediglich besteht bei der letzten Silbe die Möglichkeit, anstatt *i ä* zu lesen. Das schließen wir jedoch auf Grund unserer – allerdings ungenügenden – Kenntnis der alttürkischen Vokalharmonie aus. Daß diese Orthographie nicht ganz unproblematisch ist, zeigt uns die Tatsache, daß bis zum heutigen Tage immer wieder neue Interpretationen so mancher Stelle vorgeschlagen werden. Besonders erschwert wird die Lesung vieler Stellen durch die Beschädigung des Steins, aber nicht zuletzt auch durch die schlechte Qualität der Reproduktionen, auf die wir angewiesen sind, da sich die Originale schließlich recht unzugänglich irgendwo in der Steppe oder in einem Museum in der Mongolei befinden.

Ich möchte nur ein Beispiel dafür anführen, wie verschieden eine Stelle interpretiert werden kann: Auf der Nordseite von Tonjukuk I haben wir u. a. die Schilderung eines Kriegszuges der Türk gegen die Kirgisen.

In Z I gibt es eine Äußerung, die Tonjukuk selbst getan hat. Sie wird abgeschlossen durch *tedim,* „habe ich gesagt“. Davor lesen wir die Zeichen 𐱃 𐰞 𐱃 $t^1l^1t^1$. Aalto hat in seiner Edition des Textes 1958 gelesen: *atlatun tedim,* wobei er die Endung *-un* als Konverb ansieht und übersetzt: „Es (d. h. das Heer) zu Pferde steigen lassend sagte ich.“ Allerdings ergibt sich auch durch den Kontext kein Sinn eines solchen Satzes; überhaupt ist hier das Zeichen 〈 〉 wohl nur angenommen, da der Text an dieser Stelle beschädigt ist.

Tekin liest: *tal atın tedim* und übersetzt das mit: “Enter the water on horseback! I ordered.” Gegen diese Übersetzung spricht vielleicht die invertierte Syntax, die für diese Zeit sehr wenig belegt ist, und das Verb *tal-* in der Bedeutung von „eintauchen“ oder so ähnlich, die es erst in späterer Zeit entwickelt hat.

Es gibt noch weitere Interpretationen dieser Stelle. Es soll aber nicht der Eindruck erweckt werden, als sei der ganze Inhalt der Inschriften beliebig zu interpretieren. Über den Großteil der Texte ist man sich durchaus einig.

Über den Ursprung der türkischen Runenschrift wurde eine Reihe von Theorien entwickelt, von denen sich keine beweisen läßt.

Bis zur Entzifferung der türkischen Runen durch V. Thomsen 1893 versuchte man ihr Rätsel zu lösen, indem man versuchte, ihren Lautwert durch die Gegenüberstellung mit und der Ableitung von den germanischen Runen zu ermitteln. In der Folgezeit wurde der Gedanke einer Verwandtschaft mit den germanischen Runen verworfen, und es entwickelten sich drei Gruppen von Standpunkten zu ihrer Entstehung:

1. Die Theorien über eine autochthone Entwicklung der Runen, wobei die Meinung im Mittelpunkt stand, sie hätten sich aus den Tamgas, den Eigentumszeichen der Klans, entwickelt.

2. Die Theorien über eine fremde Herkunft der Schrift, insbesondere von der sogdischen Schrift (so Gauthiot und Thomsen).

3. Die Theorien über gemischte Ableitung, so insbesondere die Auffassung Clausons (1970), daß der Ursprung der türkischen Runen teilweise in der iranischen, teilweise in der griechischen Schrift und in einigen erfundenen Piktogrammen zu suchen ist.

An der Schrift fällt auf, daß ihr System auf die türkischen Lautverhältnisse zugeschnitten ist und übrigens keine türkische Sprache bis zur Einführung des Lateinalphabets in einer Schrift geschrieben wurde, die für sie so gut geeignet gewesen ist. Dieser Umstand und die Tatsache, daß wir keinen Hinweis auf eine Entwicklung der Schrift in paläographischer oder orthographischer Hinsicht vor den Orchon-Inschriften haben, läßt schließen, daß die Schrift nicht lange vor diesen Inschriften zu dem Zweck geschaffen worden sein muß, die türkische Sprache wiederzugeben.

Im Gegensatz dazu wurden später alle verwendeten Alphabete von anderen Kulturen übernommen. Die erste Verwendung von Schriften begegnet uns ja unter verschiedenen Umständen, z. B. zur Aufzeichnung des Besitzes, vor allem von Herrschern, zur Aufzeichnung und Überlieferung der Taten eines Herrschers, wohl zur Herstellung der Kommunikation zwischen Herrschern. Gerade aber in diesem Punkt sieht Clauson eine Möglichkeit, den Zeitpunkt der Schaffung der türkischen Runenschrift näher bestimmen zu können. Er hält es für möglich, daß sie für die schriftlichen Botschaften, die im Laufe des intensiven Kontaktes Iştämis mit Byzanz ausgetauscht wurden, geschaffen wurde. Das aber ist reine Spekulation und kommt vielleicht auch deshalb nicht in Betracht, weil wir durch die Stele von Bugut den Beweis haben, daß die Türken sich zu dieser Zeit zur Aufzeichnung ihrer Äußerungen der sogdischen Sprache und Schrift bedienten. Daß dies nur im osttürkischen Teil des Reiches der Fall war, ist unwahrscheinlich, zumal sich Iştämi ja eines sogdischen Botschafters für seine Kontakte mit Sassaniden wie mit den Byzantinern bediente.

Bezüglich der Schrift, die – zumindest teilweise – bei der Schaffung der Runenschrift als Modell diente, hat sich heute weitgehend die Meinung durchgesetzt, die schon Thomsen vertrat, nämlich daß die ca. 15 Zeichen auf das aramäische Alphabet zurückzuführen seien. Die darüber hinausgehende Anzahl der Schriftzeichen scheint jedoch neu geschaffen zu sein.

Aber auch letzteres ist freilich schwer beweisbar. Wirklich naheliegt der Gedanke meines Erachtens nur bei zwei Zeichen: dem schon erwähnten ↓, dessen eine Lesung „Pfeil“ bedeutet, und dem Zeichen ), das den Laut *j* oder die Silbe *aj* wiedergibt. Letzteres hat als Wort die Bedeutung „Mond“. Nicht so zwingend ist, wie wir sahen, die Annahme eines Ideogramms dagegen bei dem Zeichen für *b* oder *äb* „Zelt, Haus usw.“. Wenn die türkische Kunsthistorikerin Emel Esin dieses Zeichen in der Form 𐰋 wiedergibt, was zweifellos einem Haus – und zwar nach chinesischer Architektur – ähnlicher sieht – und den ideogrammatischen Charakter als bewiesen ansieht, so verschweigt sie, daß eben dieses Zeichen in dieser Gestalt nur in einer Inschrift auftaucht. Darüber hinaus muß man berücksichtigen, daß das Wort *äb* ursprünglich nur einen Ort bezeichnet, an dem man sich zeitweise niederläßt.

Der Zeitpunkt der Erfindung der türkischen Runenschrift ist meines Erachtens am ehesten in den ersten Jahren des Wiedererstarkens der türkischen Macht unter Eltäriş zu suchen. Das aufkommende Bewußtsein einer eigenen nationalen Identität und die Abkehr von nichttürkischer Tradition in Verbindung mit den Erfahrungen verschiedener hochstehender Kulturen mag dazu beigetragen haben.

Auf eine mögliche Verbindung mit anderen runenartigen Schriften Eurasiens wies 1985 erst wieder Tryjarski hin; in der Tat sind ja die graphischen Ähnlichkeiten zwischen den asiatischen und südeuropäischen Runenschriften, dem germanischen Futhark, dem etruskischen Alphabet und der iberischen Schrift nicht zu übersehen. Zudem stehen germanisch-türkische Kontakte im südosteuropäischen Raum außer Frage. Gerade die Goten könnten eine gewisse Vermittlerrolle gespielt haben. Beim gegenwärtigen Stand der Forschung ist es aber viel zu früh, sich hier festzulegen.

*Lesevorschläge:*

Auch hier bietet das schon für die beiden Kapitel über das erste und zweite Reich (s. S. 44) vorgeschlagene Buch von GIRAUD umfangreiche Informationen.

Wer sich in die Sprache der alttürkischen Inschriften einarbeiten möchte, ist mit der ausführlichen Monographie von TEKIN (1968) gut beraten. Es handelt sich um eine regelrechte Grammatik, die für manchen, der sich nur einen Eindruck verschaffen möchte, viel zu sehr ins Detail geht. Lesern, die nicht so tief in die Materie eindringen wollen, seien die Beiträge von BAZIN und VON GABAIN in den ›Philologiae Turcicae Fundamenta‹, Bd. I und II, empfohlen.

Die Monographie von ROUX (1984) zur Religion von Türken und Mongolen ist zwar sehr detailreich, eine Schwäche des Buches ist allerdings m. E., daß zwischen Türken und Mongolen kaum unterschieden wird und daß man sich darüber hinaus fragen muß, ob in allen Fällen von Fakten aus späteren Epochen auf die Sachlage in früheren Jahrhunderten geschlossen werden kann.

# DIE WESTTÜRKISCHEN REICHE: CHASAREN UND BOLGAREN

Bevor wir uns einer neuen Epoche türkischer Geschichte in den Steppen Zentralasiens zuwenden, scheint es mir angebracht, einen kurzen Blick auf Vorgänge zu werfen, in die türkische Stämme außerhalb des uns hier interessierenden geographischen Gebietes verwikkelt sind.

Im Zuge der Westwanderung der Awaren erschienen um die Mitte des fünften Jahrhunderts verschiedene Stämme oder Formationen in Südwesteuropa, von denen einige wahrscheinlich türkische Stammesnamen trugen. Ihre Namen sind uns in der Hauptsache in leicht schwankender Form in byzantinischen Quellen überliefert. Da wir keine Reste ihrer Sprache oder Sprachen haben, wurden allein ihre griechischen Bezeichnungen zur Grundlage ihrer ethnischen Zuordnung genommen. So finden sich in den Namen der Saraguren, Oguren und Onoguren, die auf der Flucht vor den Sabiren aus ihrem Wohnsitz östlich des Urals sich um 463 mit Gesandtschaften an den byzantinischen Hof wandten, die Bestandteile *-gur/* bzw. *-ogur.* Ebenso die etwas später auftauchenden Kutriguren und Utiguren, die möglicherweise aus einer Spaltung der Saraguren hervorgegangen sind.

Es wird heute weitgehend akzeptiert, daß der Bestandteil *-ogur* ihrer Namen dem osttürkischen *oguz* entspricht, wobei es sich bei dem um die lautliche Entwicklung des alttürkischen $z > r$ handeln soll. Dieses Lautgesetz ist eines der grundlegenden Kriterien zur Unterscheidung der westtürkischen oder bolgarischen Sprachgruppe – deren einzigen Vertreter heute das Tschuwaschische darstellt – von den anderen türkischen Sprachgruppen. Im Bolgarischen selbst aber – auf das wir gleich noch zurückkommen werden – ist der Abschluß dieses Lautwandels erst im 13. Jahrhundert nachweisbar. Noch im 12. Jahrhundert notiert Kašgari (1071) bolgarische Wörter mit einem *-z-* in der Position, die später *-r-* einnimmt. Falls die Hypothese stimmen sollte, legen allerdings auch die semantischen Möglichkeiten den Schluß nahe, daß es sich um türksprachige Bezeichnungen handelt. Man könnte dann ohne weiteres Onogur als westtürkische Entsprechung eines osttürkischen *on oguz,* also „die zehn Oguz

(= Stämme)“ ansehen, entsprechend dem Auftauchen der Bezeichnung *tokuz oġuz, üç oġuz* und *säkiz oġuz* in den türkischen Inschriften. Dementsprechend wurde auch versucht, Utigur als *otuz ogur* also dreißig Stämme zu interpretieren, Kutrigur = *tokuz oguz,* wobei die Umstellung von *t* und *k* durch Metathese zu erklären wäre. Es muß allerdings erwähnt werden, daß die Bedeutung „Stamm“ für *oġuz* keineswegs als gesichert betrachtet werden kann. Der Versuch, darin eine Derivation von *ok* zu sehen, ist meines Erachtens nicht überzeugend, da das Suffix *-uz* uns ausschließlich bekannt ist in der Funktion der Bezeichnung von Dingen, die zweifach vorhanden sind. Wahrscheinlicher aber ist, daß das Wort bisher nicht etymologisierbar ist. Fragwürdig ist auch die Identifizierung der Onoguren mit den Stammesverbänden des westtürkischen Kaġanats, die in den Inschriften *on ok* bezeichnet werden, von denen angeblich eine der zwei Gruppen, die uns aus den chinesischen Quellen als T'u-lu bekannt ist, in den Westen gewandert sein kann.

Manche Wissenschaftler nehmen an, daß diese Bezeichnung identisch ist mit dem Namen des späteren bolgarischen Herrscherstammes der Tulo. Einen Hinweis auf einen Zusammenhang zwischen den sogenannten ogurischen Stämmen und den Bolgaren gibt es schon um das Jahr 480 bei Johannes von Antiochia, der für die Onoguren die Bezeichnung Bulgaroi verwendet. Über Saraguren, Oguren und Onoguren erfahren wir aus den Quellen nicht viel, etwas mehr dagegen über die schon erwähnten Kutriguren und Utiguren. Erstere, deren Wohngebiet Anfang des sechsten Jahrhunderts am Asowschen Meer lag, dienen um 530 in der byzantinischen Armee in Italien. Als undisziplinierte nomadische Krieger waren sie den Byzantinern wohl zu unzuverlässige Verbündete, so daß man auf ihre Dienste verzichtete. 550 fallen nach byzantinischen Angaben 12000 kutrigurische Krieger in die Balkanprovinzen des byzantinischen Reiches ein und plündern sie. Kaiser Justinian kann sein Reich aus dieser Gefahr befreien, indem er die Utiguren durch reichliche Geschenke veranlaßt, sich gegen den kutrigurischen Stammesverband zu wenden und ihm auch eine so heftige Niederlage beizubringen, daß sich mehrere tausend kutrigurische Familien nun in den Schutz von Byzanz begeben und in Thrakien niederlassen. 559 jedoch wenden sich die Kutriguren erneut gegen das byzantinische Reich.

Im Verlauf ihrer Raubzüge dringt ein Teil bis zu den Thermopylen in Griechenland vor, ein anderer plündert Thrakien und ein dritter wendet sich gegen Konstantinopel. Wieder gelingt es Justinian, die Utiguren zu veranlassen, den Kampf gegen die Kutriguren aufzunehmen, einen Kampf, in dem sich beide Verbände nahezu aufreiben. Kurz darauf geraten die Reste beider Verbände in die Macht der nun im Norden des Schwarzen Meeres angelangten Awaren. Beide Verbände splittern sich weiter auf. Ein Teil der Kutriguren wandert mit ihren neuen Herren, den Awaren, in deren neues Siedlungsgebiet Pannonien. Der größte Teil der Utiguren scheint in der alten Heimat geblieben zu sein. Sie beteiligen sich an der Belagerung des byzantinischen Bosporos auf der Krim, die von den Türk als Strafaktion gegen die Byzantiner für deren Unterstützung der Awaren verstanden wurde. Die Kutriguren, die nicht mit den Awaren zogen, bilden später einen Teil des großbolgarischen Reiches.

Während die türkische Identität der bisher genannten ogurischen Stämme nur aus ihren Bezeichnungen gefolgert werden kann – und ansonsten nur aus den Behauptungen der byzantinischen Quellen, daß die Bolgaren mit ogurischen Stämmen identisch seien –, haben wir von eben diesen Bolgaren Sprachreste vorliegen, die zwar nicht so umfangreich sind, daß man ihre Sprache vollständig beschreiben könnte, aber doch ausreichen, um mit Sicherheit sagen zu können, daß es sich um eine türkische Sprache handelt.

Zu Beginn des siebenten Jahrhunderts gelingt es dem bolgarischen Herrscher Kobrat (gest. 642), nördlich des Schwarzen Meeres zwischen Kuban und dem Asowschen Meer seine Macht zu konsolidieren und ein unabhängiges Reich zu gründen, das nach griechischer Überlieferung „Großbulgarien“ genannt wurde.

Kobrat begriff sich nichtsdestoweniger als Khan, nicht als Kağan, was vielleicht bezeichnend ist für die Ernsthaftigkeit der türkischen Tradition, nach der der Kağan ja vom Himmel eingesetzt und schamanistisch inthronisiert werden mußte. Der bolgarische Herrscher ist Führer eines Stammesverbandes, der zwar autonom, aber nicht völlig souverän war. Dies ist um so interessanter, als Kobrat am byzantinischen Hofe erzogen worden war und sich dort im Jahre 619 hatte taufen lassen.

Die Ergebnisse der Ausgrabungen sowjetischer Archäologen lassen auf eine ethnische Heterogenität der Bewohner dieses ersten bolgarischen Reiches schließen. Neben Nomadismus finden wir Zeugnisse von städtischem Leben im Großbolgarischen Reich. Bereits byzantinische Autoren berichten von den Städten der Bolgaren. Die Gräber weichen in ihrer Art nicht nur von denen der türkischen Völker des Ostens ab, sondern weisen auch untereinander keine Einheitlichkeit auf. Vermutlich gegen Ende des Großbolgarischen Reiches war zumindest eine gewisse kulturelle Vereinheitlichung und gemeinsame Sprache aufgetreten, wie aus der Weiterentwicklung bzw. den Nachfolgestaaten zu schließen ist.

Einige Jahre nach Kobrats Tod führt das Auftauchen der aus Osten drängenden Chasaren zur Aufspaltung des bolgarischen Reiches. Nach den byzantinischen Quellen ziehen einzelne Stämme unter der Führung jeweils eines der fünf Söhne Kobrats in verschiedene Richtungen. Die nachhaltigste Bewegung ist dabei die des Asparukh, der mit seinen Leuten nach Westen in das Gebiet des heutigen Bulgarien zieht und dort 680 auf eigentlich byzantinischem Boden ein Reich gründet, das dermaßen stark ist, daß Kaiser Konstantin IV. sich gezwungen sieht, mit ihm Frieden zu schließen und sogar einen jährlichen Tribut an die Bolgaren zu zahlen, um vor ihren Überfällen sicher zu sein. Diese sogenannten Donaubulgaren finden in ihrem neuen Siedlungsgebiet eine slavische Bevölkerung vor, mit der sie sich im Laufe der Zeit assimilieren und deren Sprache sie annehmen. Bei den Resten der donaubolgarischen Sprache, die auf uns gekommen sind, handelt es sich um nur wenige Wörter, die im wesentlichen in der sogenannten bulgarischen Fürstenliste aus dem achten Jahrhundert und zwei Inschriften vorliegen, die allesamt in griechischer Schrift abgefaßt sind.

Einer der Söhne Kobrats, Bajan, jedoch blieb in dem Gebiet des Großbolgarischen Reiches und war mit seinen Stämmen der Herrschaft der Chasaren unterworfen. Teile bzw. Nachkommen dieser Bolgaren waren es wohl, die später nach Norden zogen und am mittleren Lauf der Wolga das Wolgabolgarische Reich gründeten. Um ihre Ankunft in diesem Gebiet gehen die Meinungen um Jahrhunderte auseinander. Sie dürfte frühestens in das späte siebente Jahrhundert, spätestens in das neunte Jahrhundert zu datieren sein. Besonders ihre Grabinschriften weisen sie eindeutig als türksprachig aus, und die Sprachreste sind immerhin noch deutlich genug, um sie als eine Sprache zu identifizieren, die innerhalb der Türksprachen eine gesonderte Gruppe darstellt und als Vorläufer des heutigen Tschuwaschisch betrachtet werden kann. Nähere Informationen über das Reich der Wolgabolgaren setzen erst im zehnten Jahrhundert ein; da diese Geschichte aus dem zeitlichen Rahmen unserer Betrachtung fällt, wenden wir uns einer anderen Stammesföderation zu.

Etwa zeitgleich mit der Schaffung des bolgarischen Reiches am Asowschen Meer konsolidieren die Chasaren ihre Macht im Transkaukasus. Es ist anzunehmen, daß sie bis zu dieser Zeit, also um 630, Untertanen des westtürkischen Herrschers waren. Es darf aber als erwiesen gelten, daß sie sich auch vor 552 zumindest zeitweise nördlich des Kaukasus aufhielten, da arabische Quellen über diese Zeit von Auseinandersetzungen zwischen Chasaren und Persern berichten. In den byzantinischen Quellen tauchen sie zuerst in der ersten Hälfte des siebenten Jahrhunderts auf, als sie den Byzantinern in ihrem Kampf gegen die Perser beistehen. Da die Byzantiner zu dieser Zeit mit dem türkischen Kaġanat alliiert waren, läßt sich sehr wohl annehmen, daß die Chasaren hier der Verpflichtung des Kaġanats den Byzantinern gegenüber nachkamen. Als 630 das osttürkische Kaġanat unter chinesische Herrschaft gerät und der Westteil des Reiches von Auseinandersetzungen erschüttert wird, mag es den Chasaren gelungen sein, sich aus der Oberherrschaft des westtürkischen Herrschers zu lösen. Bereits um 650 haben die Chasaren ihre Macht nördlich des Kaukasus und im unteren Wolgabecken konsolidiert und gleichzeitig verbindet sich ihre Geschichte mit Ereignissen welthistorischer Dimension.

Die bedeutendste Rolle spielt dabei eine andere aufsteigende und stark expandierende Weltmacht: die arabisch-islamische. Seit der frühen 40er Jahre des siebenten Jahrhunderts kam es wiederholt zu Zusammenstößen zwischen Chasaren und Arabern, die den Kaukasus überquert hatten und vergeblich versuchten, sich im Transkaukasus festzusetzen. Auch fast die ganze Krim war bereits um 650 in der Macht der Chasaren, wo sie etwas später in byzantinische Thronstreitigkeiten hineingezogen wurden. Die Auseinandersetzungen mit den Arabern nahm im Laufe der Zeit an Heftigkeit zu. Als im Jahre 737 die Araber so weit in chasarisches Gebiet eindrangen, daß der Kaġan fliehen mußte, sah dieser wohl die einzige Möglichkeit der Rettung in der Annahme des Islam. Dies war jedoch nicht von langer Dauer. Dafür mag es mehrere Gründe gegeben haben. Einmal waren die Araber nicht zahlreich und stark genug, im Pontusgebiet eine Kontrollmacht zu hinterlassen angesichts des mehrseitigen militärischen Engagements, zumal in Zentralasien und gegen Byzanz. Weiterhin schienen die positiven Kontakte zwischen Chasaren und Byzantinern – wenn auch nicht ganz unbeschwert – angedauert zu haben, da es mehrfach zu Heiraten zwischen Angehörigen der beiden Herrscherhäuser kam. So heiratete im Jahre 698 Justinian II. eine Schwester des chasarischen Herrschers. Und 733 heiratete Konstantin V. eine chasarische Prinzessin.

Aus dieser Verbindung ging sogar ein byzantinischer Herrscher, nämlich Leo IV., der Chasar, hervor. Es ist erstaunlich, daß bei diesen engen Verbindungen und der doch wohl vorauszusetzenden guten Kenntnis der Verhältnisse des jeweils anderen, sich keine byzantinische Quelle zur Hinwendung des chasarischen Herrscherhauses zum Judaismus äußert. Erst zum Anfang des zehnten Jahrhunderts erfahren wir davon durch arabische Autoren. Die genauen Umstände des Übertritts zum Judaismus sind uns nicht bekannt, er darf aber wohl teilweise so interpretiert werden, daß er die Funktion eines politischen Neutralismus gegenüber den islamischen und christlichen Nachbarn hatte. In der Zeit seiner größten politischen Macht waren so bedeutende Staaten wie die der Wolga-Bolgaren, der zwischen Chasaren und Wolga-Bolgaren lebenden Burtas, der kaukasischen Hunnen von den Chasaren abhängig. Der arabische Reisende Ibn Fadlan spricht von 25 chasarischen Vasallenstaaten. Das Chasarenreich wird 965 von den Russen so geschwächt, daß es 50 Jahre später durch das gemeinsame Vorgehen von Russen und Byzantinern endgültig untergeht.

*Lesevorschläge:*
Zu den Chasaren sind zwei Bücher neueren Datums sehr zu empfehlen: 1. Die Arbeit von GOLDEN (1980), in der u. a. das Vokabular, das der chasarischen Sprache zugeordnet wird, aufgeführt und diskutiert wird; 2. LUDWIG (1982) ist eine soziologische Darstellung des chasarischen Reiches.

# DIE UIGUREN

## *Die uigurische Frühgeschichte*

Mit der Flucht des Großteils des Adelsgeschlechts der A-shih-na in das Gebiet der T'ang war die Macht der Türk über die Steppe zerfallen und ein neuer, ebenfalls türksprachiger Stamm hatte die Macht übernommen: die Uiguren mit ihrem Adelsgeschlecht der Yağlakar.

Als die Uiguren im Jahre 742 – wie wir sahen – zusammen mit den Karluk und den Basmıl die Macht des zweiten Reiches der Türk brachen, traten sie hiermit zwar in die Weltgeschichte ein, waren aber den Chinesen schon längere Zeit bekannt. Für diese frühe Geschichte der Uiguren sind wir fast ausschließlich auf chinesische Quellen angewiesen. In den türkischen Runeninschriften wird zwar ihr Name schon mal erwähnt, aber diese Stellen sind nicht ergiebig hinsichtlich der Geschichte und Kultur der Uiguren. Erst die uigurischen Inschriften aus der Zeit ihres Steppenimperiums selbst informieren uns ein kleines bißchen mehr über ihre Vergangenheit. Durch sie wissen wir jedenfalls mit Sicherheit, daß sie ein Volk türkischer Zunge waren, was sich den chinesischen Quellen nicht so deutlich entnehmen ließ.

Nach ihnen waren die Uiguren ein Stamm innerhalb des Verbandes der T'ie-lê, die im allgemeinen mit den Tölis/Töliş der Orhon-Inschriften in Verbindung gebracht werden. Diese wiederum sollen die Nachkommen des Stammes sein, den die Chinesen als Gao-che bezeichnen, als „hohe Wagen“, die von den chinesischen Quellen schon im fünften Jahrhundert erwähnt werden. Das Problem der Identität der Töliş ist viel diskutiert worden. So wie es in den alttürkischen Inschriften vorkommt, scheint es das Pendant zu dem Begriff Tarduş zu sein. Schon Thomsen vertrat die Meinung, daß es sich wahrscheinlich nicht um die Bezeichnungen von zwei Stämmen handele, sondern eher um zwei Verwaltungseinheiten. Dies scheinen die jeweiligen chinesischen Entsprechungen zu bestätigen. So sieht man heute nicht mehr das chinesische T'ieh-le als Entsprechung von Töliş, sondern T'u-li und Tat'ou für Tarduş.

Möglicherweise handelt es sich bei der Bezeichnung Töliş um die westliche und bei Tarduş um die östliche Reichshälfte, die als Stammeskonföderationen aufgefaßt worden sein können.

Abgesichert scheint dagegen die Bedeutung der chinesischen Bezeichnung „Chiu-hsing“ (neun Familiennamen bzw. Sippen) für die *tokuz oġuz* der alttürkischen Inschriften. Unter dieser Bezeichnung hat man wahrscheinlich „Neun Stämme“ zu verstehen.

Die von Hamilton angebotene Etymologie wird heute allgemein akzeptiert: Es gab eine Stammesföderation, die man als die „Neun Stämme“ bezeichnete *tokuz oġuş*. *Oġuş* stand für eine Organisationsform, die kleiner als ein Stamm *(bod)* war, also vielleicht einen Clan. Als regelrechter Name dieser Föderation häufig gebraucht, unterlief er folgender Assimilation: *tokuz oġuş* > *tokuz oġuz* durch Fernassimilation, wovon schließlich später nur noch der zweite Teil übrig blieb.

Einer dieser neun Stämme waren die Uiguren, die wiederum in die *on uyġur,* die zehn Uigurenstämme oder Clans zerfielen.

Nach dem Tode des eben erwähnten westtürkischen Kaġans Ch'u-luo unterstellten sich einige Stämme der Tokuz Oġuz den Türk, andere aber blieben unter der Führung ihres bedeutendsten Stammes, den Uygur, selbständig. Ihre Zahl soll nach dem ›Hsin-t'ang-shu‹, also der ›neueren Geschichte der T'ang-Dynastie‹, 15 betragen haben. Die meisten der chinesischen Bezeichnungen für sie sind bislang nicht mit in westliche Quellen genannten zentralasiatischen Völkern eindeutig zu identifizieren, ebensowenig mit Namen aus den alttürkischen Inschriften. Die meisten Äußerungen hierüber gehen nicht über Spekulationen hinaus. Vor demselben Problem stehen wir bei der Identifizierung des Namens des uigurischen Herrschers, der wohl 605 die Macht übernahm. Die chinesischen Umschreibungen seines Namens – wenn es sich denn hier überhaupt um ein und dieselbe Person handelt – erlauben keine Rekonstruktion des türkischen Namens. Sein Sohn und Nachfolger, der für mehrere Jahre von seinem Vater verbannt worden war, trat die Macht im Jahre 627 an. Sein Name oder Titel wird im Chinesischen mit P'u-sa angegeben. Dies ist die alte chinesische Wiedergabe für den Sanskrit-Begriff Bodhisattva, der ja im Buddhismus ein Wesen auf einer bestimmten Stufe des Erlösungsweges bezeichnet. Es herrscht daher unter den Historikern die Auffassung vor, daß man daraus schließen müsse, daß dieser Herrscher selbst Buddhist gewesen sei oder aber den Buddhismus besonders gefördert habe.

Wenn zu jener Zeit allerdings P'u-sa – wie später dann jedenfalls – auch schon einfach eine Gottheit bezeichnen oder gar ein Kosewort sein kann, wäre diese Bezeichnung nicht beweiskräftig. Andererseits ist uns ja aber aus der Geschichte der Türk bekannt, daß bei den Nomaden Zentralasiens auch schon vor dieser Zeit der Buddhismus bekannt war, ja, daß ihm zeitweise unter den Türken reges Interesse entgegengebracht wurde. Auch wenn hinter der Bezeichnung P'u-sa das Bekenntnis dieses Herrschers zum Buddhismus steckt, war er dennoch ein sehr aktiver Soldat. Zusammen mit den Hsieh-yen-t'o zog er 627 gegen den Kaġan der Türk: Hsieh-li Kaġan, d. h. wohl *ellig Kaġan.*

Auch bei *ellig* – der mit einem Reich *(el)* versehene *(-lig)* – handelt es sich sicherlich eher um einen Titel bzw. Beinamen als um einen Eigennamen. Nach der chinesischen Darstellung sollen auf uigurischer Seite 5000 Kämpfer 100000 Kämpfern auf seiten der Türk gegenübergestanden haben. Diese Zahlen sind natürlich – wie auch in vielen anderen Darstellungen – nicht wörtlich zu nehmen. Vielleicht sind sie ein Hinweis darauf, für wie gefährlich die Chinesen die Uiguren hielten. Der Kampf endete mit einem Sieg P'u-sa's. Die Türk waren zwar nicht vernichtend geschlagen, aber die Uiguren hatten in der Steppe so an Ansehen gewonnen, daß ihr Kaġan von dem chinesischen Kaiser einen Ehrentitel verliehen bekam. Im Jahre 629 wird zum erstenmal eine Gesandtschaft am chinesischen Hof verzeichnet, die im Namen einer uigurischen Föderation kam. In diesem für die Uiguren so ausschlaggebenden Jahr 627 bestieg in China der bedeutende Kaiser und Begründer der T'ang-Dynastie T'ai-tsung den Thron, nachdem sein Vater, dem er selbst vorher den Thron überlassen hatte, gestorben war. Diesem Kaiser, der über die Grenzen des Reiches der Mitte hinaus einen Ruf als aufrechte, machtvolle Persönlichkeit genoß, unterstellte sich das Reich der Ost-Türk. Eine große Zahl von den Türk wurde auf chinesischem Gebiet angesiedelt, andere blieben in ihren angestammten Weidegründen. Wir kommen auf diese gleich nochmal zurück.

Die Konfusion in dieser Zeit machte sich auch unter den Uiguren bemerkbar, die ja keinen eigenen Kaġan besaßen und somit auch keinen universalen Herrschaftsanspruch stellten. Sie schlossen sich bald den Ost-Türk an, die ja nun selbst tributär waren, bald dem chinesischen Reich direkt, bald der unabhängigen Föderation der Hsieh-yen-t'o. Die Hsieh-yen-t'o – wahrscheinlich auch eine vorwiegend türkische Föderation – hatte die Macht in weiten Gebieten des früheren Machtbereiches der Türk übernommen. Aus nicht bekannten Gründen verlangten die Chinesen – ihren eigenen Quellen zufolge – von den Türk, die sich südlich des Huang-ho, also in China selbst, niedergelassen hatten, wieder in ihre eigenen Gebiete nördlich des Huang-ho zurückzuziehen. Da die Türk jedoch, die die Rivalität der mächtigen Hsieh-yen-t'o fürchteten, zögerten, diesen Schritt zu tun und auch tatsächlich von den Hsieh-yen-t'o angegriffen wurden, kam es zu einem ersten Bündnis zwischen Chinesen und Uiguren. Bei diesen hatte inzwischen ein dritter Herrscher den Thron bestiegen. Dieser Nachfolger P'u-sa's wird in den chinesischen Quellen *Hu-lu ssu-li-fa T'u-mi-tu* genannt. *Hu-lu* gibt dabei einen den uigurischen Herrschern eigenen Beinamen *kutluġ* wieder: Der mit Glück – und zwar dem vom Himmelsgott geschenkten Glück – Versehene. Die türkischen Entsprechungen der übrigen Bestandteile dieser Bezeichnung sind bisher nicht gefunden worden. Dieser Herrscher hatte sich selbst als erster uigurischer Herrscher den Titel *kaġan* zugelegt und somit den Anspruch auf universale Herrschaft der Uiguren geltend gemacht. Universal muß in diesem Fall nicht die ganze Welt einschließen. So wird China zumindest nicht ganz einzubeziehen sein. Unter universalem Anspruch sollten wir hier verstehen: die Herrschaft über die gesamte Steppe und den wenigen darin existierenden Stadtstaaten, denen meist ihre Autonomie in tributärer Abhängigkeit belassen wurde. Der Titel Kaġan bedeutete bei den Uiguren – ebenso wie bei den Türk – ja, abgesehen von seiner religiösen Funktion, den Häuptling, der über den anderen Stammeshäuptlingen stand. Mit Hilfe dieses Kutluġ zogen die Chinesen in den Kampf gegen die Hsieh-yen-t'o, die den in ihr angestammtes Gebiet zurückgezogenen Türk das Leben schwer machten. Die Macht der Hsieh-yen-t'o wurde gebrochen. Wieder ist in den chinesischen Quellen von hohen Zahlen die Rede. Es sollen 3000 Krieger gefallen und 50000 gefangengenommen worden sein.

Der Herrscher der Hsieh-yen-t'o mußte sich beim chinesischen Kaiser entschuldigen und ihm fortan Tribut leisten. Die Uiguren aber waren die Nutznießer dieses Sieges. Sie annektierten das ganze bisherige Gebiet der Hsieh-yen-t'o und waren für die nächste Zeit die Machthaber im Norden. Als ihr Herrscher sich einige Jahre später, 646, nach dem Süden begab, wurde er vom Kaiser auf chinesischem Boden huldvoll in Audienz empfangen und in Anerkennung der wirkungsvollen Hilfe beim Feldzug gegen die Hsieh-yen-t'o mit einem Staatsbankett belohnt. Trotz allem wurde dieser uigurische Herrscher, der sich ja schon längst selbst den Titel Kaġan zugelegt hatte, vom chinesischen Kaiser nicht als Kaġan anerkannt. T'u-mi-tu wird vom Kaiser lediglich zum General ernannt. Diese Verleihung von Titeln an Herrscher, die gar keine Untertanen sind, haben wir ja schon bei der Behandlung der Geschichte der Türk gesehen. Diese Verleihungen sind als politische Taktik zu werten, und ihre Hauptfunktion war allem Anschein nach, einem potentiellen Gegner Hochachtung und Wertschätzung vorzugaukeln und ihn so freundlich gesinnt zu stimmen. Ein gewisser Respekt vor den Uiguren muß auf chinesischer Seite also wohl vorhanden gewesen sein. Denn zu dieser Zeit war die T'ang-Dynastie ja bereits auf der Höhe ihrer Macht und auch das westliche Reich der Türk hatte sich ihnen unterworfen. Vielleicht um sich der Vorgänge im uigurischen Reich sicher zu sein, schickte der chinesische Kaiser eine große Anzahl von chinesischen Beamten zu den Uiguren, die die Tätigkeiten der vom Kağan eingesetzten uigurischen Würdenträger überwachten.

647 wurde das ganze uigurische Gebiet zum chinesischen Generalgouvernement Han-hai deklariert, wobei der Generalgouverneur selbstverständlich ein Chinese war, dessen Residenz aber nicht mehr zu lokalisieren ist. Anscheinend im Rahmen dieser Aktivitäten wurde der chinesische Name der Uiguren verändert. Möglicherweise sollte das die Uiguren vergewissern, daß ihnen das chinesische Reich wohlgesinnt war. Der – wie wir gesehen haben – seiner Ableitung nach unbekannte Name *uiğur,* der als Stammes- und auch als Sprachenname in Runen- und auch in uigurischer Schrift seit dem achten Jahrhundert gut überliefert ist, wurde – nach Aussagen A. von Gabains – von den chinesischen Historikern bisher als *hui-ho* umschrieben, was soviel heißt wie „verworrene Gewandquasten". Diese Zeichen waren in ihrer Aussprache phonetisch gar nicht so ungeschickt gewählt, aber ihre Bedeutung war ja nicht gerade schmeichelhaft, und sie war nicht viel wohlwollender ausgewählt als die Bezeichnung Juan-Juan für den Namen der einstigen Machthaber der Steppe, was in etwa bedeutet hatte: „wimmelndes Gewürm". Diese waren den Chinesen vielleicht wegen ihrer unübersichtlichen und scheinbar planlosen Kampfweise abschreckend gewesen.

Früher mögen die Uiguren gegen diese Umschreibung ihres Namens nichts eingewandt haben; aber als sie nun dem chinesischen Kulturbereich nähergerückt waren, mögen sie Kenntnis von der Bedeutung dieser Umschreibung bekommen haben. Nachdem sie nun von Kaiser T'ai-tsung wegen ihrer Verdienste im Feldzug gegen die Hsieh-yen-t'o belohnt wurden und als ihr Land fest, aber achtungsvoll ins chinesische Reich eingegliedert werden sollte, konnte eine so banale Schreibweise ihres Namens anscheinend nicht beibehalten werden. Daher wurde im Jahre 646 verfügt, daß von nun an *hui-hu* zu schreiben sei, was die schöne Bedeutung „kreisende Falken" hat. Ob der Falke zu dieser Zeit bei den Uiguren eine bestimmte Würde symbolisierte, muß bisher offenbleiben.

Im Jahre 648 erlebten die Uiguren eine Verschwörung an ihrem Hof. Eine Frau des Kağans T'u-mi-tu hatte ein Liebesverhältnis mit einem Neffen ihres Gatten. Dieser Neffe Ch'ê-pi und weitere Gesinnungsgenossen ermordeten T'u-mi-tu und Ch'ê-pi sah sich bereits als Nachfolger. Sein Aufsteigen zum Kağan wurde jedoch durch die Chinesen verhindert – natürlich wieder durch eine List. Der zweite chinesische Protektor von Yen-jan lud den Ch'ê-pi zu sich ein, um ihn angeblich dem chinesischen Kaiser als Nachfolger des T'u-mi-tu zu empfehlen. Statt dessen jedoch wurde Ch'ê-pi gleich bei seiner Ankunft verhaftet und hingerichtet. T'u-mi-tu dagegen erhielt hohe posthume Ehrungen und sein Sohn Po-jun wurde von den Chinesen als Nachfolger anerkannt – wenn auch ihm von den Chinesen immer noch nicht der Titel eines Kağans zugestanden wurde.

Was nun mögen die Gründe dafür gewesen sein, daß die Chinesen in interne uigurische Geschehnisse eingriffen und sich für die rechtmäßige Nachfolge des uigurischen Herrschers stark machten? Die chinesischen Quellen geben darüber keine Auskunft. Für eine mögliche Erklärung für die Motivation des chinesischen Eingreifens müssen wir uns noch einmal die politischen Ereignisse vor und während dieser Zeit im gesamten Zentralasien von chinesischer Position aus vor Augen halten und zu diesem Zweck noch einmal etwas ausführlicher auf bereits erwähnte Vorgänge zurückkommen. Die Chinesen hatten bereits 627 Unruhen der Uiguren und befreundeter Stämme genutzt und im Jahre 630 das osttürkische Reich unterworfen. Ihr Kağan mußte zum Kaiserhof der T'ang in Ch'ang-an kommen und der chinesische Kaiser ernannte sich selbst zum Kağan der Türk. Trotz des Protestes zahlreicher Minister, die auf die Folgen der Siedlungspolitik der späteren Han-Dynastie hinwiesen, wurden die Ost-Türken – das westtürkische Reich bestand zu diesem Zeitpunkt ja noch – am oberen Huang-ho-Bogen angesiedelt und unterstanden lose dem Protektorat von zwei Generalgouverneuren. Ihre Führer wurden ins chinesische Heer aufgenommen, die Söhne der Adligen lebten am Kaiserhof. Vielleicht erhoffte man sich, auf diese Weise die Türken ebenso zu sinisieren, wie dies bei den Topa eingetreten war, wenn auch aus ganz anderen Gründen. Die Ansiedlung umfaßte über eine Million Türken, und einige von ihnen sind später tatsächlich zu Chinesen geworden und haben wichtige Stellungen erlangt.

Im Ganzen war damit aber die Macht der Türk in keiner Weise gebrochen. Das große türkische Reich, das bis nach Byzanz reichte, bestand weiter. Für China war durch diesen Erfolg nur die direkte Gefahr an den Grenzen beseitigt; auch waren alle Reaktionsversuche der Sui-Dynastie oder der Topa-Dynastie, deren Anhänger alle bei den Ost-Türken gesessen hatten und auf die sie gebaut hatten, vereitelt. Die Macht der West-Türken aber blieb eine dauernde Bedrohung für China, besonders wenn es ihnen gelungen wäre, mit den Tibetern zusammenzugehen. Ganz zu Anfang des siebenten Jahrhunderts hatte sich ja in Nord-Tibet eine neue politische Einheit gebildet.

Genau wie in der Han-Zeit mußte das Ziel der chinesischen Politik sein, eine Vereinigung beider Gegner zu unterbinden. Dies scheint zusammen mit den Handelsinteressen der politische Beweggrund für die chinesische Türkenpolitik der T'ang gewesen zu sein. Die Turkestankriege begannen 639 mit einem Überfall auf den Stadtstaat Chotscho, bzw. Kao-ch'ang. Dieser Staat hatte schon seit der Topa-Zeit in einem losen Freundschaftsverhältnis zu Nord-China gestanden, und es war ihm immer wieder gelungen, sich eine gewisse Unabhängigkeit von den Türken zu erhalten. Jetzt aber mußte Kao-ch'ang den immer mächtiger werdenden West-Türken nachgeben, was ihm von China vorgeworfen wurde und als Vorwand zum Krieg diente. Bis 640 wurde das ganze Tarimbecken unter chinesische Herrschaft gebracht. Der Zug richtete sich im Grunde gegen die West-Türken, denen Turkestan unterstanden hatte. Diese waren aber durch zwei innertürkische Ereignisse gelähmt, die den Chinesen zugute kamen, einmal durch einen Stammesaufstand und dann eben durch die Erhebung der Uiguren und deren Aufbau einer eigenen Stammesföderation. Wir dürfen daher sicherlich mit Recht annehmen, daß die Chinesen an einer Stabilisierung der uigurischen Macht nur interessiert gewesen sein können. Thronstreitigkeiten aber unter den Uiguren selbst hätten mit Sicherheit eine Destabilisierung auf unabsehbare Zeit im neuentstandenen Stammesgefüge bedeutet. In diesem Falle aber hätten die Chinesen einen weiteren Unruheherd an einer anderen Front riskiert. Als Vorsichtsmaßnahme gegen irgendwelche Auflehnung jedoch ließ der Kaiser das ganze uigurische Gebiet militärisch besetzen.

Von 648–661 stand nun Po-jun an der Spitze seiner Stämme und wurde von China als Generalissimus des östlichen Flügels anerkannt. Zu dieser Zeit hatten sich die On Ok, d. h. die zehn Stämme, aus denen sich die Westtürken offenbar zusammensetzten, unter einem Kaġan aus der Familie der A-shih-na, aus der offenbar alle Kaġane der Türk hervorgegangen sind, vereinigt. Es bedeutete für China eine schwere Bedrohung für die Flanke des neueroberten Tarimgebiets, als die Westtürken unter ihrem neuen Kaġan 651 die Stadt Bešbalık im heutigen Sinkiang angriffen und besetzten. Kriege jenseits der

Steppe und gegen Steppenvölker versuchte China ja stets gern mit Hilfe von anderen Steppentruppen zu führen, und so auch diesmal.

Ein großes Aufgebot von Truppen, angeblich 20000 Chinesen und 50000 Uiguren unter Anführung ihres Kağans Po-jun, eroberten die Stadt zurück. Nachdem die Westtürken wieder erstarkt waren, wurden sie wenige Jahre darauf noch einmal von einer chinesisch-uigurischen Koalition geschlagen. Der westtürkische Kağan floh daraufhin nach Westen bis in die Gegend von Taschkent, wo er jedoch vom Gouverneur gefangengenommen und ausgeliefert wurde. Das Resultat dieses Krieges ist kennzeichnend für Chinas machtvolle und kluge Staatsführung in jener Zeit: das ganze Gebiet der Westtürken wurde dem Reich fest eingegliedert, und zwar unter zwei Gouverneuren, die sich als Feldherren in diesem Krieg auf seiten Chinas verdient gemacht hatten, und die aus dem alten türkischen Adelsgeschlecht der A-shih-na stammten. Der uigurische Führer Po-jun aber erhält als Dank für seine umfassende Hilfe zu seiner bisherigen militärischen Position, die ihn auf den Osten beschränkt hatte, auch noch das Kommando über die westliche Steppe. Auch an den chinesischen Feldzügen gegen Korea – wenige Jahre danach – waren uigurische Krieger beteiligt, wie ja auch schon Krieger der Töliş, dem Stammesverband, aus dem die Uiguren hervorgegangen waren, sich an Koreazügen beteiligt hatten.

Es soll hier kurz eine Bemerkung eingeschoben werden, die nicht die Uiguren betrifft, sondern einen anderen türkischen Stammesverband, nämlich die Kirgisen. Um die Zeit von Po-juns Machtübernahme bei den Uiguren – nämlich 648 – werden in den chinesischen Annalen, nicht zuletzt denen der T'ang, die Kirgisen etwas ausführlicher erwähnt. Bekannt war ein Stammesverband gleichen Namens den Chinesen allerdings schon einige Jahrhunderte früher. Wenn die chinesischen Angaben über die Abstammung der Kirgisen stimmen, waren sie den Chinesen schon im ersten Jahrhundert v. u. Z. bekannt. Aber solche Angaben sind kaum, wenn überhaupt, noch nachprüfbar.

Nach den T'ang-Annalen haben die Kirgisen ihren Wohnsitz um die Mitte des siebenten Jahrhunderts im Westen von Hami (Komul) und im Norden von Karaschahr, an den Abhängen des Tienshan, also etwas weiter östlich von ihrem heutigen Wohnsitz. Ihre Wanderung ist in historischer Zeit nachzuverfolgen und hatte im Jenissei-Gebiet ihren Ausgang genommen, wo sich ja auch ihre bedeutenden Kulturdenkmäler befinden, alte Steininschriften, wie sie sonst in der Hauptsache nur von den Türk bekannt sind. Als diese Kirgisen im Jahre 648 vernahmen, daß ihre Nachbarn, die Uiguren, sich in einer Art friedlicher Koexistenz mit den Chinesen befanden, schickten sie eine Gesandtschaft mit Geschenken an den chinesischen Kaiserhof. Ihr Führer bat bei dieser Gelegenheit um einen chinesischen Beamtenrang. Obwohl dieser dabei – wie die chinesischen Annalen ausdrücklich bemerken – vom Weine umnebelt war, machte der chinesische Kaiser T'ai-tsung das Gebiet der Kirgisen zur „Präfektur" Chien-kun, wie die chinesische Bezeichnung für die Kirgisen lautete, und ernannte den kirgisischen Antragsteller zum Gouverneur.

Diese Kirgisen scheinen den Chinesen aus einem Grunde besonders interessant gewesen zu sein. Im ›T'ang-huei-yao‹ heißt es von ihnen, sie hätten „rote Haare und grünliche Pupillen". Und auch der persische Historiker Gardizi bezeichnet die Kirgisen noch im elften Jahrhundert als blondhaarig. Wir dürfen daher annehmen, daß sie einen unbekannten ethnischen Ursprung haben und erst im Laufe ihrer Wanderung ihre türkische Sprache und das mongolische Aussehen, das sie heute haben, angenommen haben. Aus ihren Inschriften aus dem neunten Jahrhundert geht hervor, daß sie damals jedenfalls schon eine türkische Sprache sprachen. Soweit uns bis heute bekannt ist, scheinen die Kirgisen nicht so straff organisiert gewesen zu sein wie andere türkische Föderationen. Der Titel „Kaġan", der ja den obersten Herrscher einer Gesamtföderation bezeichnet, wird in ihren Inschriften nur einmal erwähnt. Jahrhundertelang blieben die Kirgisen ein politisch unbedeutender Stammesverband, bis ihre Macht zu Anfang des neunten Jahrhunderts schließlich die Macht der Uiguren über die Steppe erschüttern wird.

Zunächst jedoch kehren wir zu den Uiguren zurück und damit zu dem Nachfolger Po-juns, also in das Jahr 661. Dem ›Hsin-T'ang-shu‹ zufolge übernahm die Nachfolge Po-juns aus nicht überlieferten Gründen anscheinend eine jüngere Schwester von ihm. Wir wissen es deswegen nicht genau, weil spätere Werke diese Dame gar nicht erwähnen. Zwei Werke nennen einen Sohn Po-juns als Nachfolger. Vielleicht war diese Dame den Chinesen unsympathisch, denn das dritte Zeichen ihres Namens ist das Zeichen für Gift. Schon in ihrem ersten und letzten Regierungsjahr soll sie – nach dem ›Hsin-T'ang-shu‹ – die Uiguren, Tongra und Pu-ku (Bugu) zu Grenzverletzungen aufgefordert haben. Chinesische Truppen konnten die Angreifer jedoch schlagen und vertreiben. Der chinesische Historiker Szu-ma-kuang berichtet die Ereignisse des Jahres 662 wie folgt:

„Gegen die ständigen Grenzverletzungen der Uiguren, Tongra und Buġu mußte ein Heer entsandt werden."

Über den Grund der Aufsässigkeiten schweigt Szu-ma-kuang sich aus. Otto Franke vermutet, daß es wieder einmal Bedrückung und Willkür der chinesischen Beamten in den als Provinzen verwalteten Gebieten war, die eine Auflehnung der seit Jahrzehnten treuen Vasallen hervorrief.

Ein chinesischer General zog mit einem Heer von 14000 Mann gen Norden. Die Uiguren und andere gingen auf ein Geplänkel der Vorhut nicht ein, sondern wichen zurück, um die Chinesen noch weiter von ihrer Operationsbasis fortzulocken. Diese triumphierten über einen vermeintlichen Sieg und zogen mit all ihrem Troß tiefer ins unbewohnte Land hinein. Endlich kam es zu einer Schlacht, auf die die Chinesen sich einließen, obwohl sie hier die Feinde in einer für sie vorteilhaften Position fanden. Die Chinesen griffen an und sollen drei Yabġus gefangengenommen haben, was erstaunlich wäre, da, soweit wir heute wissen, jede Föderation nur eine oder zwei Persönlichkeiten mit dieser Würde zu bekleiden pflegte. Sie wollten sich auf den Rückweg machen, ließen sich jedoch erneut in die Unendlichkeit der Steppe locken, als einer der Stämme ihnen seine Unterwerfung anbot, was sie mit einem Angriff erwiderten. Im Eifer verfolgten sie sie bis in die unübersichtlichen Gegenden der Selenga, ohne sie finden zu können. Hier wurden die Chinesen von Schnee und Lebensmittelnot dermaßen überwältigt, daß von dem ganzen großen Heer nur noch 800 Mann in die Heimat zurückgekehrt sein sollen. Die Chinesen erlitten außerdem Verluste an Menschen und an Material und büßten auch ihr Ansehen ein. Es wird berichtet, daß die Chinesen daraufhin einen Fürsten, der der Sohn eines Herrschers der Töliš war, zu den Aufständischen schickten. Dieser habe von den Türken die Herausgabe der Yabġus bewirkt unter dem Versprechen, dann das gemeine Volk zu schonen. Die Führer sollen daraufhin hingerichtet worden sein. Dieser Bericht wird von einigen Historikern als wenig glaubwürdig eingeschätzt, da weder eine solche Vielzahl von Yabġus unseren Kenntnissen der türkischen Verwaltung entspricht und darüber hinaus ein Bericht darüber fehlt, daß die abgeschlagenen Häupter solch hochrangiger Hingerichteter in die Hauptstadt geschickt worden sind, wie es an und für sich üblich war.

Möglicherweise sollte dieser Bericht lediglich das angekratzte Ehrgefühl der Chinesen wiederherstellen. China war zu dieser Zeit wohl im Norden nicht mehr Herr der Lage. Ein Nachfolger soll erst 680 zur Regierung gekommen sein, wahrscheinlich hat sie also 19 Jahre lang gewährt.

Der Nachfolger dieser problematischen Persönlichkeit, der als deren Sohn bezeichnet wird, kam 680 zur Regierung. Er wird in den chinesischen Quellen nicht als Kağan bezeichnet, und wir wissen nicht, ob er diesen Titel für sich selbst überhaupt beansprucht hat. Seine Regierungszeit – wie auch diejenige seiner Vorgängerin – ist schon stark von den Wirren in China beeinflußt. Zwar war die Macht der West-Türk inzwischen sehr geschwächt, zumal ihre Aufmerksamkeit sich dem Westen zuwandte, wo für sie durch das Vordringen des Islam und der Araber eine neue Gefahr drohte. Dafür aber hatten von etwa 650 an – wie wir bereits sahen – die Tibeter ungeheuer an Macht zugenommen und waren von Süden her in das Tarimbecken eingedrungen. 678 schlugen sie die Chinesen schwer, und es sollte die T'ang jahrzehntelange diplomatische Arbeit kosten, bis sie ihr Ziel, die innere Auflösung der Tibeter, erreichen konnten. In das letzte Jahr des T'ang-Kaisers Kao-tsung 683 fielen dann auch die ersten Befreiungskämpfe der nördlichen Türken gegen die Chinesen. Und überhaupt begann schon mit dem Ende von Kao-tsungs Regierung der Niedergang der T'ang-Herrschaft.

Die üblichen Geschichtswerke führen diesen Niedergang auf eine Frau zurück, die spätere Kaiserin Wu. Sie war eine Nebenfrau des T'ai-tsung gewesen und war nach dessen Tod buddhistische Nonne geworden – ein damals üblicher Vorgang, bis sich Kao-tsung in sie verliebte und sie zu seiner Nebenfrau machte. Schließlich setzte er sogar die rechtmäßige Kaiserin ab und erhob die Nebenfrau zur Kaiserin. Sie gewann immer mehr an Einfluß, schaltete als gleichberechtigte Herrscherin faktisch den Kaiser bald ganz aus, beseitigte den rechtmäßigen Thronfolger (680) und setzte ihren eigenen Sohn ein, für den sie nach Kao-tsung's Tod selbst regierte. Auch diesen entthronte sie bald wieder. Schließlich machte sie sich selbst zur Kaiserin der Chou-Dynastie (690–705), womit die T'ang-Dynastie abgelöst war. Es deutet manches darauf hin, daß hinter der Kaiserin Wu eine Gruppe stand, die sich gegen die herrschende Clique wandte. Die T'ang-Regierungs-Clique war trotz allem sehr türkenfreundlich, und viele Türken und Männer aus Topa-Familien standen im chinesischen Regierungsdienst oder hatten vor allem im Militär beherrschende Stellungen inne. Kein Kriegszug der damaligen Zeit wurde ohne türkische Hilfstruppen unternommen. Die Kaiserin Wu verlegte als erste Regierungshandlung die Hauptstadt nach Lo-yang, also in den Osten. Der östliche Teil, der die Kaiserin Wu unterstützte, war eng verbunden mit dem ausländischen, westasiatischen Kaufmannstum und der damit zusammenhängenden buddhistischen Kirche.

Die Kaiserin Wu spendete zum Dank für Hilfe den Buddhisten ungeheure Summen Geldes und versuchte, den Buddhismus zu einer Art Staatsreligion zu machen. Das Ansehen Chinas war außenpolitisch vor allem durch die Niederlagen gegen die Tibeter geschwächt. Unter all diesen Umständen waren die Ost-Türk, die zum größten Teil immer noch in Nord-China lebten, in eine neue Unabhängigkeit aufgebrochen, d. h. geographisch in Richtung Norden, in ihre alte Heimat jenseits der Gobi. Jene Gebiete waren aber unterdessen in den Besitz der Uiguren übergegangen und mußten erneut erkämpft werden. Zu dieser Zeit aber war der Zusammenhalt der uigurischen Stämme etwas gelockert. Manche von ihnen, wie die Tongra und Buğu, hatten z. B. mit China eine besondere Außenpolitik. Daher gelang es dem Nachfolger Kutluġs, seinem Bruder Kapaġan, den die Chinesen Mo-ch'uo nannten, die Uiguren aus ihren jeweiligen Sitzen zu verdrängen. Zusammen mit drei anderen Stämmen verließen die Uiguren den Norden, überschritten die Gobi und ließen sich 697 im heutigen Kansu nieder. Für die Überlassung dieses Gebietes beanspruchten die Chinesen von nun an die militärische Hilfe der Uiguren.

Wie wir bereits bei der Behandlung der Geschichte der Türk gesehen haben, hatte sich Kapaġan – chinesisch Mo-ch'uo – bei den meisten Brudervölkern in Unrecht gesetzt, da er sie seinem Reiche eingliedern wollte. Am chinesischen Kaiserhof hatte er bald um ein Ehebündnis gebeten, bald übertriebene Ansprüche gestellt, trotz allem noch Raubzüge in chinesisches Gebiet hinein unternommen und hatte sich so natürlich in China verhaßt gemacht. Als Kapaġan wieder einmal einen Kriegszug gegen einen separatistischen Stamm unternahm, nämlich gegen die im äußersten Norden lebenden Bayırku, kam es zu einer allgemeinen Revolte, und mit Unterstützung der Uiguren und lebhafter Billigung Chinas wurde er von den Bayırku geschlagen, getötet und sein Haupt in die chinesische Hauptstadt geschickt. Im Vertrauen auf China und aus Protest gegen die Politik der Türk lassen sich nun – außer den Uiguren – auch noch fünf weitere Türkstämme in Nord-China als Militärkolonisten ansiedeln.

Inzwischen bewirkte in den Länden Zentralsiens die neu aufkommende Macht der muslimischen Araber eine tiefgreifende Änderung der politischen Lage. Nach dem Sturz der Sassaniden und der Eroberung Persiens 652 war der Vormarsch der Heere des Kalifen infolge der Kämpfe beim Herrschaftsantritt der Omajjaden vorläufig zum Stillstand gekommen. Erst 705 wurde er wieder aufgenommen, und der General Kutaiba trug den Islam in die eroberten Länder, wodurch eine tiefgreifende Änderung in deren Politik, Kultur und Religion bewirkt wurde.

Indien, Turkestan und auch die östlichen Reiche der Türken bekamen seine Macht zu spüren, und auch dem Reich der T'ang soll er nach dem persischen Geschichtsschreiber Tabari die Unterwerfung unter den Islam geschworen haben. Hilferufe aus Indien und aus Tibet kamen an den damals eben zur Regierung gelangten Hsüantsung, aber dieser vermied es weislich, den anstürmenden Muslimen seine Truppen entgegenzusenden. Die arabischen Meldungen über ein Heer von 200000 Mann unter einem Neffen des Kaisers, das im Jahre 707 von Kutaiba vertrieben worden sei, finden in den chinesischen Quellen keine Bestätigung. Es handelt sich nach Tabari um ein türkisches Heer, und der Neffe des Kaisers könnte möglicherweise der Schwiegersohn des Kapaġan gewesen sein. Dagegen wird in den T'ang-Annalen sowie von Tabari von einer arabischen Gesandtschaft an den Hof der T'ang im Jahre 713 berichtet, die von Kutaiba nach seiner Eroberung Kaschgars geschickt wurde. Die Gesandten machten sich bei den Chinesen höchst unbeliebt, weil sie sich weigerten, den Kotau zu vollziehen. Nach anfänglicher Empörung der chinesischen Beamten besann man sich einsichtig darauf, daß in dem Land der Araber halt andere Sitten herrschten, und verhielt sich nachsichtig – so steht es im ›T'ang-shu‹. Ein ganz anderes Bild von Kutaibas Gesandtschaft entwirft Tabari: Danach wurden die Chinesen durch das kriegerische Auftreten der Muslime in einen ungeheuren Schrekken versetzt, zumal diese erklärten, daß Kutaiba geschworen habe, „den Boden des Reiches unter seine Füße treten zu wollen".

Unter dem Kalifen Walid I. (705–715) hatte die arabische Macht ihren Höhepunkt erreicht, und es ist nicht unwahrscheinlich, daß sie auch in das T'ang-Reich eingebrochen wäre, wenn nicht neue innere Kämpfe ihre Kraft für weitere Eroberungen gelähmt hätten, zumal durch Karl Martells Sieg bei Tours 732 der muslimische Vormarsch nach Westen zum Stillstand gebracht war. Blutige Zwistigkeiten zerrissen die Familie der Omajjaden und erbitterte Aufstände ihrer Gegner schwächten ihr Reich, bis im Jahre 750 die Dynastie gestürzt wurde. An ihre Stelle trat, von den araberfeindlichen Persern unterstützt, das Geschlecht der Abbasiden; die Zeit der stürmischen Eroberungen war zu Ende, und starke Glaubens- und Dogmengegensätze nahmen dem Islam einen großen Teil seiner militärischen Stärke

Die arabische Machtentfaltung hatte für die Chinesen die Türkengefahr entschieden gemindert. War Kapaġans Macht schon durch die

Verluste in Turkestan und durch die Niederlage von 707 gegen Kutaiba geschwächt, so wurde sie durch Aufstände der westtürkischen Stämme weiter eingeengt. Es folgen in den nächsten Jahren nun die Ereignisse, die bei der Geschichte der Türk abgehandelt und teilweise schon mehrfach erwähnt wurden: der Tod Kapaġans, die Nachfolge durch Bilgä Kaġan, nachdem Köl Tegin freiwillig verzichtet hatte, das Wirken des weisen Kaġan-Beraters Tonjukuk, der die Türk davor warnte, gegen das zu der Zeit starke China Krieg zu führen, aber auch davor, chinesische Lebensweise anzunehmen, buddhistische oder taoistische Tempel zu bauen, da diese Lehren den Kampfgeist des Volkes schwächen würden. Daran, daß es dennoch zu Zwistigkeiten kommt, waren nicht die Türk schuld, denn es war der chinesische Kaiser Hsüan-tsung, der mißtrauisch das Friedensangebot Bilgä Kaġans ablehnte. Erst angesichts der Erfolglosigkeit gegenüber den Türk, die in den ersten Jahren der Regierungszeit Bilgä Kaġans ja den Höhepunkt ihrer Stärke erreicht hatten, kommt es nicht nur zum Friedensschluß, sondern man bietet dem Bilgä Kaġan sogar eine chinesische Prinzessin an. Sowohl beim Tode des Köl Tegin und des Bilgä Kaġan ließ Hsüan-tsung Inschriften in chinesischer Sprache in deren Grabstelen schlagen.

Die Uiguren, die am Ausgangstor Chinas zum Tarimbecken saßen, hatten so die Möglichkeit, dieses Tor zu sperren und damit Tributsendungen sowie den Handel mit den westlichen Ländern zu verhindern, was sie nach einem Konflikt mit den Chinesen auch taten. Schließlich griff China mit Waffengewalt ein: Kaiser Hsüan-tsung ließ die Uiguren aus ihrem Gebiet vertreiben. Dieser Umstand veranlaßte die Uiguren, wieder an die Rückkehr in ihre alte Heimat zu denken, die aber jetzt in den Händen des mächtigen Bilgä Kaġan der Türk war.

Neun Stämme hatten sich zu dieser Zeit unter der Führung des Stammes „Yaġlakar“ zusammengefunden. Die Macht der Türk begann nach dem gewaltsamen Tode Bilgä Kaġans 734 wegen der Nachfolgestreitigkeiten zu schwinden. Die jahrelangen innertürkischen Wirren machten sich die umwohnenden Türkvölker 742 zunutze. Die im Westen, in der Gegend zwischen dem Balchasch-See und Bešbalık lebenden Basmıl ernannten ihren Fürsten zum „Eltäriş kaġan“, als den Staatssammler, und erhoben damit Anspruch auf Hegemonie in der Steppe. Zugleich ernannten die Uiguren und die Karluken ihre Anführer jeweils zum *şad,* anscheinend wohl innerhalb eines neuen Reiches unter der Führung der Basmıl. Das Ergebnis dieser Erhebung war der bereits behandelte Zusammenbruch der Macht der Türk. Die Uiguren wünschten diese Veränderungen im Norden von

China anerkannt zu wissen und schickten eine Gesandtschaft zum chinesischen Kaiser. Aus unbekannten Gründen behaupteten die Uiguren plötzlich, daß die Basmıl jetzt ihren himmlischen Auftrag verwirkt hätten und griffen sie im Jahre 744 plötzlich an. Der uigurische Führer Kutluġ Boyla besiegte den Eltäriş Kaġan der Basmıl und schickte dessen Haupt in die chinesische Hauptstadt, um zugleich um Anerkennung für sich selbst zu bitten. Im darauffolgenden Jahr erhielt er tatsächlich von chinesischer Seite die Anerkennung des Kaġan.

Nachdem er kurz darauf auch den letzten Fürsten der Türk besiegt hatte, war er nun unumschränkter Herrscher des Nordens. Er besetzte das Ötükän-Gebiet und hatte mit diesem seit alters geheiligten Reichszentrum – dem ehemaligen Refugium der Türk – die volle Autorität über die Steppenvölker gewonnen. Vom chinesischen Kaiser wurde er nun noch zum Generalissimus des Ostens ernannt. Bald darauf wurden auch die Karluk nach Westen abgedrängt. Diejenigen von ihnen, die im Machtbereich der Uiguren verblieben, und die unterworfenen Basmıl wurden als zehnter und elfter Stamm gerechnet.

Kutluġ Bilgä Kaġan, wie sich der uigurische Führer nun nannte, ordnete sein neues Reich planvoll und führte politische Zeremonien ein, die sich wohl am chinesischen Beispiel orientiert haben werden. Er wendete Standarten und Belehnungsdiplome an. Wenn ein Gesandter sich der Residenz näherte, mußte er vom Wagen oder Pferd absteigen. Die Residenz *ordu balık* dürfen wir uns durchaus als stadtartig, nicht mehr nur als befestigtes Lager vorstellen.

Auf dem dreisprachigen Denkmal von Karabalġasun, dessen Inschriften auf uigurisch, sogdisch und chinesisch verfaßt ist, ist der chinesische Titel des uigurischen Reichsgründers „Hoher Ahn“, also der gleiche wie der des ersten Kaisers der T'ang-Dynastie. In dieser Inschrift rühmen sich die Uiguren, daß sie nun ihr altes Reich wiedererlangt haben. Auf uigurisch lautet der volle Herrschertitel *tängridä bolmuş bilgä kaġan,* „der durch/in dem Himmel gewordene weise Kaġan, der das Reich errichtet hat“. Die Bezugnahme auf den Himmel bezeugt eine ähnliche Staatsauffassung wie die der Türk und der Chinesen.

## *Das selbständige Reich der Uiguren*

Die Kontakte zwischen Chinesen und Uiguren sollten sich so in den nächsten Jahren und Jahrzehnten besonders eng gestalten. Dieses Verhältnis drückte sich auf verschiedene Weise aus. Die Kampfkraft der Uiguren war so bedeutend, daß sie von den Chinesen mehrfach bei innerchinesischen Schwierigkeiten um Waffenhilfe gebeten wurden. Der Dank dafür, der nicht unbedingt ausschließlich Dank gewesen sein muß, sondern durchaus von Furcht vor dem starken Helfer begleitet worden sein kann, drückte sich sowohl in Geschenken wie auch in der Tatsache aus, daß mehrere kaiserliche Töchter mit Angehörigen des uigurischen Herrscherhauses verheiratet wurden. China durchlebte in der zweiten Hälfte des achten Jahrhunderts eine Phase der Schwäche, die die Uiguren zum Teil zu ihrem Vorteil zu nutzen wußten, z. B. indem sie die Chinesen wirtschaftlich unter Druck setzen konnten. So bestimmten sie z. B. den Preis für die Pferde, die sie an die Chinesen lieferten. Die Chinesen, die eigentlich gar nicht bereit waren, so hohe Preise zu zahlen, zumal sie auch mit der Qualität der Ware nicht zufrieden waren, und überhaupt gar nicht so viele Pferde haben wollten, meckerten zwar ein bißchen, aber eher zurückhaltend als lauthals.

Der erste besonders enge Kontakt ergab sich, als die Uiguren von dem T'ang-Kaiser Hsüan-tsung gebeten wurden, während einer Rebellion einzugreifen. Diese wird nach ihrem Urheber die An-lu-shan-Rebellion genannt. Wir wollen kurz skizzieren, wie es zu ihr kam. In der Hauptstadt, die am Anfang der Zeit Hüan-tsungs zwar noch in Lo-yang, im Osten war, dann aber wieder nach Ch'ang-an im Westen verlegt wurde, kam der Kaiser allmählich unter den Einfluß seiner Hofclique unter dem Führer Li. Durch diese Clique kam auch die Nebenfrau Yang des Kaisers T'ai-tsung hoch. Nach dem Tode von Li kam es zu Rivalitäten zwischen An-lu-shan und den Angehörigen der Familie Yang. An-lu-shan war Provinzgouverneur und ein verdienter Militär, dessen Aufstieg mit einem Sieg über die Kitan begonnen hatte. Um der Kitangefahr Herr zu werden, war ihm eine größere Truppe überlassen worden, als üblich war. Er soll in der Gegend von Peking eine Truppe von 150000 Mann befehligt haben. Als die Familie Yang sich gegen ihn wandte, sandte er sein großes Heer gegen die Yang, die in der Hauptstadt Ch'ang-an saßen. Unterwegs besann er sich jedoch anders und machte sich in dem bereits eroberten Lo-yang zum Kaiser. Aus Ch'ang-an wurden ihm T'ang-Truppen entgegengeschickt, die jedoch An-lu-shan unterlagen, und es gelang ihm, auch die Hauptstadt zu erobern. Der rechtmäßige Kaiser war beizeiten geflohen und trat – angesichts des Verlustes beider Hauptstädte und völliger Machtlosigkeit – in aller Form zurück. Sein Sohn – der spätere Su-tsung – jedoch war nicht mit seinem Vater nach Sze-chuan geflohen, sondern nach Nordwest-Shen-si, wo er sich in enger Nachbarschaft zu den Uiguren befand. Diese bat er dann auch um Hilfe, als er von anrückenden Truppen An-lu-shans bedrängt wurde. Außerdem traf sogar eine kleine arabische Truppe des Kalifen ein.

Dieses Ereignis ist uns aber nur aus arabischen Quellen bekannt. Die chinesischen Historiker schweigen sich darüber aus, beziehungsweise bemerken nur, daß der Kalif im Jahre 756 eine Tributgesandtschaft schickte und daß der Kaiser sich ihrer Truppen bediente, um die beiden Hauptstädte zurückzuerobern. Ende 757 kam es in der Nähe der Hauptstadt zu einem großen Kampf, bei dem An-lu-shan durch die Uiguren besiegt und kurz darauf von einem seiner Eunuchen ermordet wurde. An-lu-shans Anhänger flohen, Ch'ang-an wurde von den Uiguren erobert.

Es ist in dieser Hinsicht bemerkenswert, daß die chinesischen Quellen von einer erstaunlich kleinen uigurischen Streitmacht berichten. Es soll sich lediglich um 4000 Reiter gehandelt haben. Obwohl die Zahl der chinesischen Soldaten bedeutend größer war, spielten die Uiguren die ausschlaggebende Rolle bei der Rückeroberung Ch'ang-ans. Der uigurische Kommandant bestand auf der Einhaltung der Abmachung, daß die eroberte Stadt nun zur Plünderung freistehen sollte. Die Chinesen jedoch wandten ein, daß eine Plünderung erst in Frage käme, wenn auch die östliche Hauptstadt Lo-yang von den Rebellen befreit sei. Die Uiguren gingen darauf ein, zogen nach Osten und eroberten im November 757 Lo-yang. Der Kampf soll furchtbar gewesen sein und die Quellen berichten von 100000 abgeschlagenen Köpfen, die in der Ebene gelegen haben sollen. Der Anführer der Rebellen jedoch kam mit dem Leben davon und floh in den Norden, was zur Folge hatte, daß die Rebellion trotz des Erfolges der Uiguren noch keineswegs zu Ende war.

Die Uiguren plünderten nun die Stadt drei Tage lang. Danach wurde der uigurische Kommandant triumphal in Ch'ang-an empfangen und erhielt eine Audienz beim Kaiser, während der die Ruhmestaten der Uiguren beim Niederschlagen der Rebellion in höchsten Tönen gepriesen wurden. Zusätzlich bekam er – wie schon in vielen ähnlichen Situationen vorher – einen hohen chinesischen Rang verliehen. Es ist weiterhin von 10000 Rollen Seide die Rede, und der uigurische Kağan bekam eine chinesische Prinzessin zur Frau.

Die Ruhe im chinesischen Staat jedoch währte nicht lange. Die Anhänger des geflohenen Rebellenführers machten sich bald darauf wieder bemerkbar, so daß schon zwei Jahre später 759 die T'ang erneut die Uiguren um Hilfe ersuchten. Wiederum zogen die Uiguren gegen die chinesischen Rebellen in den Krieg. Diesmal jedoch konnten sie ihre früheren Erfolge nicht wiederholen, wahrscheinlich auf Grund inneruigurischer Streitigkeiten. Der Kampf endete unentschieden, so daß die Rebellion kein Ende fand.

Bereits im Jahre 762 mußten die Chinesen sich hilfesuchend wegen ihrer eigenen Hilflosigkeit wieder an die Uiguren wenden. Der chinesische Kronprinz begab sich deshalb mit Gefolge in das Gebiet jenseits des Gelben Flusses, um dort mit dem uigurischen Kağan zu verhandeln. Bei dieser Begegnung kam es zu einem bezeichnenden Zwischenfall. Li-kua, der chinesische Thronfolger, teilte mit seinem Vater nicht die Ansicht, daß die Uiguren als den Chinesen Ebenbürtige während der Periode der Schwäche der T'ang behandelt werden sollten. Während sein Vater T'ai-tsung noch bereit war, den uigurischen Herrscher bei einer Begegnung entsprechend dessen Würde zu grüßen, weigerte sich Te-tsung, dem Kağan mit irgendeinem Ausdruck des Respekts zu begegnen. Die sehr verärgerten Uiguren bestraften daraufhin drei hochgestellte Personen aus Te-tsungs Gefolge mit je 100 Stockhieben, woraufhin zwei Bestrafte starben. Te-tsung wurde in Anbetracht seiner Jugend und Unerfahrenheit – er war 20 Jahre alt – freigelassen. Nichtsdestoweniger kam es noch zu einem Einverständnis über den Beistand der Uiguren zwecks Niederschlagung der Rebellion in China.

Die Uiguren eroberten wieder einmal Lo-yang und hielten sich dort mehrere Tage unter schrecklichen Plünderungen auf: sie sollen sich nach den chinesischen Berichten mit schockierender Brutalität an der Bevölkerung vergriffen haben. Die Rebellion war damit endgültig beseitigt. Der chinesische Hof verteilte wieder einmal hohe chinesische Ehrentitel an die uigurischen Führer. Die Chinesen sahen offenbar keine andere Möglichkeit, als die Augen gegenüber der Brutalität der Uiguren zu verschließen. Der uigurische Kağan Tängri hatte sich nur schwer überreden lassen, den T'ang Beistand zu leisten, und der Preis, den die Chinesen zu zahlen hatten, fiel dementsprechend hoch aus. Nach der Vertreibung der Aufständischen begnügten sich die Uiguren nicht damit, die Stadt zu plündern, sondern sie zerstörten die Stadt und töteten die Bewohner: Plünderung und Mord setzten sie auch auf ihrem Rückzug in ihre Heimatgebiete fort. Trotz allem wurden die Uiguren bereits zwei Jahre später erneut von den T'ang um Hilfe gebeten. Diesmal wurden sie durch einen äußeren Feind, die Tibeter, bedroht. Wieder gelang es den Uiguren, die Bedrohung von ihren ehemaligen Herren abzuwenden. Als sie sich schließlich in ihre Heimatgebiete zurückzogen, so berichtet eine chinesische Quelle, „brauchten sie für die Verladung der ihnen gemachten Geschenke und der für die Pferde eingehandelten Waren über tausend Wagen".

Obwohl es auch später immer wieder Übergriffe der Uiguren gegen die Chinesen gab, erreichten diese nie wieder die Grausamkeit und Ungestümheit der Jahre 762/63.

Einer der Gründe dafür kann gewesen sein, daß der uigurische Herrscher Mo-yü während seines Aufenthaltes in Lo-yang mit manichäischen Priestern in Berührung kam. Möglicherweise wurde selbst ein Mann wie Mo-yü von Mitleid und Reue angesichts der unmenschlichen Grausamkeiten erfüllt, die sich vor seinen Augen abgespielt hatten. Weniger als ein Jahr, nachdem Mo-yü in die uigurische Residenzstadt Karabalġasun, nördlich des Tien-shan, zurückgekehrt war, ließ er sich von manichäischen Priestern bekehren. Die näheren Umstände der Bekehrung sind uns nicht bekannt. Die Tatsache selbst erfahren wir aus dem chinesischen Text der dreisprachigen Inschrift (uigurisch, sogdisch, chinesisch), die bei der alten Hauptstadt des uigurischen Steppenreiches Kara-balgasun gefunden wurde, deren türkische und sogdische Texte allerdings nicht mehr lesbar sind.

Aus ihr geht hervor, daß der Kaġan vier manichäische, wahrscheinlich sogdische Priester mit in sein Land nahm bzw. kommen ließ, „damit sie die beiden Kräfte erklären und die drei Zeiten durchdrängen". Die Annahme des Manichäismus – aus welchen Gründen auch immer sie erfolgte – war aus mehreren Gründen ein bedeutsames Ereignis: zunächst für die türkische Kultur, da hier ein türkisches Volk zum erstenmal in einen solch intensiven Kontakt mit einer „Hochreligion" trat; zweitens für den Manichäismus selbst, der trotz seiner geographisch weiten Verbreitung einzig von den Uiguren zur offiziellen Staatsreligion gemacht wurde und damit in die Reihe der Weltreligionen eintrat, für die er durch seine wohldurchdachte Grundlage durchaus geeignet war; drittens für die kulturelle und politische Entwicklung im China der T'ang.

Dort war der Manichäismus in den drei Jahrzehnten vor dem Eingreifen der Uiguren eher geduldet als gern gesehen. Möglicherweise durch den Einfluß der Buddhisten war 732 ein Edikt erlassen worden, das den Manichäismus offiziell als Irrlehre bezeichnete. Nur mit Rücksicht darauf, daß sie die Lehre – wie es hieß – „der Meister der westlichen Hu-Völker sei", sollte sie noch geduldet werden. Aber schon wenige Jahre nach der Annahme der Lehre Manis durch die Uiguren sah sich der chinesische Kaiser T'ai-tsung gezwungen, zunächst nur Klöster für die manichäischen Uiguren errichten zu lassen, kurze Zeit darauf aber auch in mehreren chinesischen Provinzen, in denen die Klöster auch für chinesische Anhänger dieser Lehre gedient haben werden.

Dies alles geschah, wie aus chinesischen Quellen hervorgeht, auf Grund der Forderungen des uigurischen Kağans. Man hat zeitweise in der Manichäisierung des Uiguren das Ergebnis chinesischer Außenpolitik sehen wollen. Denn der Manichäismus erfordert Vegetarismus und Friedfertigkeit in so hohem Maße, daß schon sehr früh sein destruktiver Einfluß auf Kampfeslust und militärische Schlagkraft kritisiert wurde: Eine Parallele zu Tonjukuks Warnung an die Türk vor dem schwächenden Einfluß des Buddhismus und Taoismus. Diese Auffassung scheint jedoch aus zumindest zwei Gründen nicht vertretbar. Erstens hätte man den Buddhismus, der den Chinesen bedeutend vertrauter und in weiten Kreisen akzeptierter war, mit eben demselben Ziel einsetzen können, und weiterhin spricht auch die Tatsache dagegen, daß die Chinesen im Jahre 817 ein Heiratsgesuch des uigurischen Kağans eben mit der Begründung ablehnten, daß man eine Prinzessin nicht mit einem Manichäer verheiraten könne.

Die starke Position des Manichäismus änderte sich schlagartig mit der Schwächung der uigurischen Macht in der Steppe. 845 sollte dann seine Ausrottung befohlen werden.

Unser heutiges Wissen über die Lehre Manis ist nicht zuletzt das Ergebnis der deutschen Turfanexpeditionen, bei denen der größte Teil manichäischer Texte ausgegraben wurde.

Mani wurde um 215/16 in der damals den Persern gehörenden Provinz Babylonien geboren. Sein Vater entstammte einer angesehenen persischen Familie in Hamadan, seine Mutter entstammte einer parthischen, also iranischen Familie angeblich königlichen Ranges. Mani, in einer persischen Provinz von persischen Eltern geboren, war demgemäß ein Perser. Sein Vater schon hatte sich mit dem Studium der Anschauungen der Sekten beschäftigt, die damals besonders im Süden Babyloniens blühten. Seinen Sohn, der durch Visionen seiner Mutter zum Prophetenamt bestimmt zu sein schien, führte er in diese Studien ein. Das außerordentlich begabte Kind trat schon im Knabenalter in Verbindung mit der Geisterwelt. Mani empfing Mitteilungen übernatürlicher Art und er scheint – kaum zwölf Jahre alt – seine Religion zum Teil bereits ausgebildet zu haben. Als er das 24. Lebensjahr erreicht hatte, erschien ihm wieder ein himmlischer Bote und forderte ihn auf, mit seiner Lehre hervorzutreten.

So predigte er seine Religion zum ersten Male am Krönungstag des Sassanidenkönigs Schapur I. am 24. März 242. Sein Erfolg scheint nicht groß gewesen zu sein. Wir sehen den Jüngling vielmehr gleich nach diesem Ereignis jene lange Periode der Missions- und Studienreisen antreten, in deren Verlauf er Turkestan, Indien und Ost-Iran aufgesucht und überall einen Schüler als seinen Vertreter zurückgelassen haben soll. Nach 40 Jahren kehrte er zurück, und zwar mit so gesteigertem Ansehen, daß er es wagen durfte, den Bruder des Schapur, Peroz, zur Annahme seiner Lehre einzuladen. Der Prinz war ihm günstig gesinnt und vermittelte sogar eine zweite Audienz beim König, die dem Mani die Erlaubnis brachte, seine Lehre durch seine Schüler im Iran verbreiten zu lassen. Aber die zoroastrische Priesterschaft, ergrimmt über diese Begünstigung eines Ketzers, stachelte den König gegen Mani auf. Er mußte sich verbergen, wurde aber unter der Regierung des Nachfolgers von Schapur gefangen. Nach einem Disput mit der Priesterschaft, in dem er unterlag, wurde er gekreuzigt, und die Leiche, in zwei Teile zerschnitten, mit Stroh ausgestopft, an den Toren der Residenzstadt Dschundisabur aufgehängt. Das Datum seines Todes dürfte nach einer der Handschriften das Jahr 273 nach unserer Zeit gewesen sein.

Mani war ein eifriger Förderer der Künste. Er selbst war berühmt als Maler, und das in so hohem Grade, daß seine Feinde, die später islamischen Araber und Perser, sich seiner weniger als Stifter einer gegnerischen Religion, sondern als Urtyp eines großen Malers erinnern. Auch seine Weisheit wird lobend erwähnt. Für die religiösen Schriften, in denen er seine Lehre niederlegte, bediente er sich einer besonderen Abart der syrischen Schrift, deren klare und einfache Charaktere von großer Schönheit sind. Nach einigen war diese Schrift eine Geheimschrift, die er erfunden haben soll, nach anderen war es die in einem kleinen Distrikt Babyloniens übliche Variante der syrischen Schrift.

Seine Bücher wurden mit der besten Tinte kalligraphisch auf dem besten weißen Papier geschrieben und oft mit außerordentlich schön ausgeführten Miniaturen illuminiert; ein Umstand, der später den Zorn der Christen wie der Muslime in hohem Grade erweckte. Es sind aber auch viele Tempel mit Wandmalereien verziert worden.

Da Mani ein echter Iraner war, ist auch die Grundlage seiner Religion echt iranisch. Sie war ein seltsamer Synkretismus christlicher, in Turkestan auch buddhistischer Anschauungen, auf der Basis des mit unerbittlicher Konsequenz durchgeführten iranischen Dualismus. Diese Mischung hat Mani noch durchsetzt mit Bestandteilen der alten babylonischen Volksreligion und mit Elementen der Gnosis. Es war eine selbständige Religion, aber je nachdem, ob Manichäer unter Christen oder Buddhisten lebten, konnten sie sich durch Betonung der christlichen oder buddhistischen Bestandteile ihres Glaubens leicht für eine Sekte der betreffenden Religion ausgeben.

Der Grundzug der Lehre ist der Kampf des guten Prinzips, des Lichtes, mit dem Bösen, der Finsternis. Es entbrennt ein Kampf, in dem das Licht unterliegt. Die Finsternis bemächtigt sich einiger Lichtteile und vermischt sich mit ihnen. Die Finsternis wird mit der Materie gleichgesetzt. Zur Errettung der Lichtteile aus der Verbindung mit der Finsternis erfolgt ein neuer, durch Emanationen des Lichtgottes geführter Kampf, in dem diesmal die Finsternis unterliegt. Aus den mit Finsternis gemischten Lichtelementen werden die Himmel und unsere Erde sowie das erste Menschenpaar geschaffen. Die Finsternis aber, um die Errettung der mit der Materie vermischten Lichtteile zu verhindern, erweckt die Sinnenlust der Menschen. Durch die immer von neuem, bei jeder Geburt, sich vollziehende Zerteilung der in jedem Menschen vorhandenen Lichtteile in den Kindern soll schließlich so wenig Licht in deren Körpern übrigbleiben, daß es nicht mehr von der Materie geschieden werden kann.

Der Manichäismus trug den Charakter einer streng asketischen Religion. Aller Geschlechtsverkehr, der Genuß von Fleisch und Wein, der Besitz weltlicher Güter jeglicher Art war den „vollkommenen Jüngern" strengstens untersagt, weil alle diese Dinge den Menschen an die dem Ursprung nach dämonische Welt fesselten. Daher konnte nur ein Teil der Gemeinde die vollen Weihen erhalten. Die reisenden Missionare, die ihr Leben vollkommen der Religion widmeten, lebten von Almosen in Form von Brot und Früchten. Die Annahme des Manichäismus durch den uigurischen Adel ist die erste historisch bezeugte offene Übernahme einer Hochreligion durch türkische Volksangehörige. Dieses Ereignis ist dokumentiert in der dreisprachigen Inschrift einer Stele, die man in der damaligen uigurischen Hauptstadt Karabalġasun gefunden hat.

Als das chinesische Reich bald darauf 763/64 durch die Einbrüche der Tibeter aufs neue schwer bedroht wurde, konnte die Gefahr wiederum nur mit Hilfe der Uiguren abgewendet werden. Durch diese Ereignisse, in denen sich die ganze Ohnmacht des chinesischen Reiches in der damaligen Zeit widerspiegelt, hatten die Uiguren so an Macht und Ansehen gewonnen, daß ihre Kaġane sich nicht mehr als Vasallen der T'ang betrachteten, sondern sich den chinesischen Kaisern gegenüber als gleichrangige Partner fühlten. In Wirklichkeit waren die Chinesen sogar in eine Art Abhängigkeitsverhältnis zu den Uiguren geraten. Außer Ehebündnissen verlangten die Uiguren nun Jahr für Jahr von China die Lieferung großer Mengen Seide, die in

Wirklichkeit nichts anderes war als die Bezahlung für ihre Waffenhilfe. Pferde wurden den Chinesen nun mehr geliefert, als sie brauchten und zudem mehr, als sie zu zahlen imstande waren, und obwohl sich die Chinesen über die mindere Qualität der Ware beschwerten, wagten sie es doch nicht, dem Handel ein Ende zu machen. Der uigurische Kağan gab mehrfach zu verstehen, daß ihm die schwache Situation Chinas durchaus bewußt war, und die Chinesen verhielten sich äußerst zurückhaltend, da sie nicht nur vor den Uiguren Respekt haben mußten, sondern auf sie jahrzehntelang als Bündnispartner angewiesen waren. Die jährlichen Lieferungen großer Mengen Seide, die die Uiguren sich einfach ausbedingen konnten, kann man nicht anders sehen als die jährliche Zahlung von Tributen.

Ferner mußten die Chinesen den Uiguren in vielen Städten des Reiches Handelsprivilegien einräumen und ihnen eine Art exterritorialen Schutz gewähren, was den Uiguren ungewöhnliche Möglichkeiten zur Ausweitung ihres Handels gab. Schließlich setzten die Uiguren es durch, daß man ihnen gestattete, überall im Lande manichäische Klöster zu errichten und die Lehre Manis zu verbreiten. Den Gipfel ihrer Macht erreichten die Uiguren, als sie um die Wende des neunten Jahrhunderts einen großen Sieg über die Tibeter erringen konnten und dadurch in den Besitz der wichtigen vier Garnisonen gelangten: Beschbalık, Kutscha, Karaschahr.

Somit hatten die Uiguren das Ost-Türken-Reich und den größten Teil des einstigen westtürkischen Reiches unter ihrer Herrschaft wieder vereinigt. Von besonderer Bedeutung war dieser Sieg jedoch vor allem deshalb, weil mit ihm die endgültige Turkisierung Ost-Turkestans einsetzte; die Uiguren begannen nämlich jetzt, sich hier neben der alten indo-europäischen Bevölkerung niederzulassen. Als dann vier Jahrzehnte später nach dem Untergang ihres Reiches 840 die Reste des geschlagenen uigurischen Volkes vom Stammland am Orchon her diese Gebiete überfluteten, machte das Vorhandensein einer uigurischen Volksschicht es ihnen leichter, hier Fuß zu fassen und schließlich die Oberhand über die einheimische Bevölkerung zu gewinnen.

Die großen politischen Erfolge der Uiguren in der zweiten Hälfte des achten Jahrhunderts waren nicht ohne Einfluß auf ihre kulturelle Entwicklung geblieben, und diese wiederum wurde mitbestimmend für ihr späteres Schicksal. Nach Annahme des Manichäismus spielten manichäische Berater eine zunehmend größere Rolle am Hofe der Kağane, sowie als Gesandte am chinesischen Hof. Zu dieser Zeit wurde auch die uigurische Schrift eingeführt.

Doch nicht nur auf dem Gebiete der geistigen, sondern auch auf dem der materiellen Kultur vollzog sich ein Wandel bei den Uiguren. Der jahrelange enge Kontakt zwischen Uiguren und Chinesen und die daraus resultierende Annahme des Manichäismus und des Buddhismus, wie auch die häufigen Eheschließungen zwischen den Angehörigen des Adels beider Seiten hatten eine nachhaltige Wirkung auf die Lebensweise der Uiguren. Unter ihnen gewann nun immer mehr das städtische Dasein an Interesse. Religiöse Kultgebäude und Klöster waren ebenso sehr Anlaß zur Seßhaftwerdung wie die chinesischen Damen, die man den Härten des nomadischen Lebens nicht auszusetzen wagte und die eine ihrem Lebensstil gemäße feste Behausung bekamen.

Darüber hinaus hatten sich nun aber auch Uiguren selbst dem Handel zugewandt und ihre Kaufleute brauchten Kontore und feste Lagerplätze; dazu waren Zelte nun nicht mehr geeignet.

All diese Umstände führten dazu, daß im Jahre 768 der uigurische Bögü Kağan sogdische und chinesische Bauleute mit dem Bau einer Stadt – Baybalık, der reichen Stadt – beauftragte, die wohl an der Selenga, oberhalb der Einmündung des Orchon, lag. Sowohl aus dem türkischen wie dem chinesischen Namen der Stadt geht hervor, daß es sich anscheinend um eine Stadt aus Lehmziegeln, zumindest aber um eine Stadt mit einer Lehmziegelmauer gehandelt haben muß. Der Erbauer der Stadt, Bögü Kağan, wurde 780 von einem seiner Minister ermordet. Dabei mögen religiöse Rivalitäten eine Rolle gespielt haben, denn von dem neuen König Alp Kutlug ist bekannt, daß er den Nestorianismus favorisierte und sich um die Verbreitung dieses östlichen Christentums bemühte. Über die genaue Verbreitung der drei im uigurischen Staat koexistierenden Religionen – Manichäismus, Buddhismus, Nestorianismus – haben wir keine genauen Informationen. Der Manichäismus wird sich auf eine relativ kleine Adelsschicht beschränkt haben, die hauptsächlich auf Grund ihrer nun vorwiegend seßhaften Lebensweise in der Lage war, das recht asketische Leben, das der Manichäismus forderte, zu praktizieren. Der Nestorianismus mag vor allem im Stand der Kaufleute Anhänger gefunden haben, während der Buddhismus aufgrund seiner maximalen Anpassungsfähigkeit in allen Kreisen Anhänger gehabt haben wird.

Wie weit die Uiguren gegen Ende dieses Geschichtsabschnitts, also bis zum Zusammenbruch ihres Reiches 840, unter dem Einfluß einer höheren Kultur standen, läßt die Tatsache erkennen, daß sie sich, vor die Notwendigkeit gestellt, nach einem neuen Lebensraum Ausschau zu halten, nicht neue Weideplätze in der Steppe eroberten, sondern sich den großen Städten zuwandten, um sich dort niederzulassen.

Auch hier existierten mehrere Religionen nebeneinander. Besonders stark jedoch war dabei der Buddhismus. Die nun folgende Konzentration der uigurischen Führung auf dieses Gebiet – und die vielleicht aus diesem Grunde 832 entstandenen Thronstreitigkeiten – verursachte eine Vernachlässigung der östlichen Reichsgebiete, insbesondere des Ötükän-Gebietes, dessen besondere religiöse und damit einhergehende staatserhaltende Bedeutung wohl auch wegen der neuen Religion an Wert verlor. Den um das Jahr 840 vom Norden her eindringenden Kirgisen wurde daher auch nicht mehr der notwendige Widerstand geleistet. Der Kaġan wurde getötet, die Überlebenden verließen in mehreren Gruppen die Steppe.

Ein Teil suchte in China Schutz, verlor dort jedoch nach kurzer Zeit seine ethnische Identität. Eine andere Gruppe zog nach Nordwest-Kansu und gründete dort die Staaten Kanchou und Sha-chou.

Eine weitere Gruppe zog nach Sinkiang, wo sie auf eine bereits recht starke türkische Bevölkerung stieß, was ihr die Niederlassung erleichterte. Dort gründen sie das Reich von Chotscho, das sich zu einer Blüte der vorislamischen türkischen Kultur entwickeln sollte, zu einer Stufe, die die nachfolgenden islamischen Staaten in diesem Gebiet nie erreichen sollten.

*Lesevorschläge:*
SINORS (1969) Ausführungen zum uigurischen Steppenreich sind wesentlich knapper als diejenigen in diesem Bande.
Die Monographie von HAMILTON (1955) behandelt im Hauptteil zwar die Jahre 907 bis 960, also einen Zeitabschnitt der Geschichte der im nächsten Kapitel zu beschreibenden Stadtstaaten, beinhaltet aber eine ausführliche Einleitung, die auch zahlreiche Informationen zur Geschichte des Steppenreiches enthält. Sie sind trotz ihres relativ hohen Alters nach wie vor gültig.

## *Die uigurischen Königreiche in Sinkiang und Kansu*

Eine Gruppe der Uiguren, die in das von den Karluk beherrschte Gebiet (etwa das heutige Sinkiang bzw. Xin-jiang, auch Ost- bzw. Chinesisch-Turkestan genannt) eingedrungen war, hatte sich in der Osthälfte des Tien-shan niedergelassen. Eine andere Gruppe, die sich zunächst etwas südöstlich davon in dem zu jener Zeit von den Tibetern besetzten Gebiet um Kou-chou niedergelassen hatte, wanderte dann nach Nordwest-Kansu ab.

Während die zweite Gruppe mehrere Jahrzehnte brauchte, um ihre Macht in Kansu zu konsolidieren, gelang es den in Sinkiang gebliebenen Uiguren innerhalb weniger Jahre, am östlichen Rande des Tarimbeckens ein kleines Reich mit dem Mittelpunkt An-ssu zu gründen. Die Chinesen erkannten diesen Staat 856 als selbständiges Reich an.

Etwas später wurde ebenfalls auf dem Boden des heutigen Sinkiang von den Uiguren ein weiterer Staat mit dem Zentrum Ssu-chou gegründet. Die genaue Jahreszahl ist auch in diesem Falle unbekannt; wahrscheinlich konnten die Uiguren aber erst nach langwierigen Auseinandersetzungen mit den Tibetern in den 60er Jahren des neunten Jahrhunderts endgültig die Macht an sich reißen. Bekannter wurde dieser Staat unter dem etwa zwei Jahrhunderte später aufkommenden – ebenfalls chinesischen – Namen Kao-ch'ang, das die Türken als Qočo (Chotscho) bezeichneten.

Die uigurische Gruppe, die sich im Nordwesten der heutigen chinesischen Provinz Kansu niedergelassen hatte, konnte sich zunächst nicht gegen Tibeter und Chinesen – die jeweils etwa zur Hälfte die Bevölkerung ausmachten – durchsetzen.

Geographisch bildete dieses Gebiet eine Durchgangspforte von den Handelswegen des Tarimbeckens zum eigentlichen China. Diese Gegend war für zahlreiche Völkerschaften und Stammesföderationen immer wieder eine Herausforderung, weil die Kontrolle darüber ein starker Wirtschaftsfaktor war. Zwei der größten Städte in diesem Gebiet waren Sha-chou – das später unter dem Namen Dunhuang bekannt wurde – und etwas südlich davon Kan-chou.

Von ersterer breitete sich um die Mitte des neunten Jahrhunderts ein Aufstand der chinesischen Bewohner gegen die Tibeter aus, die hier seit ungefähr sechs Jahrzehnten die Herrschaft innehatten. Zur gleichen Zeit machten sich auch die Uiguren bemerkbar. Nachdem sie zunächst erfolgreich den Chinesen gegen die Tibeter halfen, schwangen sie sich anschließend zu den Herren über die Chinesen auf. Verantwortlich dafür war nicht nur die eigene Stärke der Uiguren, sondern auch interne Probleme der anderen beiden großen Völker. Während Wirren den einsetzenden Untergang der Tang-Dynastie in China begleiteten, hing der Machtverlust der Tibeter mit Thronfolgekriegen zusammen, die ihre militärischen Kräfte banden.

Von den beiden uigurischen Staaten in Sinkiang und Kansu gewann ersterer eine größere historische Bedeutung, da sich in ihm vielfache Kulturkontakte manifestierten, die wiederum in verschiedene Richtungen ausstrahlten.

Es scheint zunächst widersprüchlich, daß wir über die politische

Geschichte dieses Staates wesentlich schlechter informiert sind als über diejenige Kan-chous. Die Erklärung hierfür ist jedoch einleuchtend: Während das Königreich von Kao-chang/Chotscho (heute oft auch nur Turfan genannt) von China weiter entfernt war als das zwischen Kao-chang und China liegende Kan-chou und dadurch vollständige Unabhängigkeit genoß, war Kan-chou stets von China abhängig. Diese Umstände bedingten, daß in den chinesischen Annalen häufig Informationen über Kan-chou zu finden sind, aber kaum über Kao-chang.

Andererseits waren die alten Oasenstädte Sinkiangs Ziel zahlreicher archäologischer Expeditionen, die eine Menge Material zutage förderten, das uns ein recht deutliches Bild der kulturellen Entwicklung dieser Oasenstaaten vermittelt. Die ausgegrabenen Texte auf türkisch, sogdisch, sakisch und in anderen Sprachen lassen aber nur wenig Aufschlüsse über politische Vorgänge zu. Die chinesischen Nachrichten über Kan-chou dagegen geben uns nur ganz dürftige Auskunft über die kulturellen Verhältnisse, sind aber reich an politischen Informationen, was sich zwangsläufig in einer Darstellung dieser beiden Staaten widerspiegelt.

Chotscho war einer jener Oasenstaaten, die den Türken schon lange Zeit bekannt waren und über drei Jahrhunderte zu ihrem Herrschaftsgebiet gehört hatten, mehr oder weniger unabhängig, aber tributpflichtig. Die blühende Landwirtschaft dieser Oasen des Tarimbeckens, das mit der Takla-Makan-Wüste in der Mitte zu den trokkensten und heißesten Gebieten der Erde zählt, ist vor allem den unterirdischen Bewässerungskanälen *(kariz)* zu verdanken, die über lange Distanzen Schmelzwasser aus dem Gebirge bringen.

Aber nicht nur der Feldarbeit und ihrem Geschick hatten die zumeist sogdischen, sakischen und tocharischen – also indogermanischen – Bewohner ihren Wohlstand zu verdanken, sondern auch der Kontrolle der Seidenstraße, die durch ihre Gebiete lief.

Die Ansichten über die Gründung des Reiches von Chotscho sind unterschiedlich. Sicherlich fällt deren Zeitpunkt jedoch in die Regierungszeit von Mänglig Kağan – nach chinesischen Quellen wohl 845–857, eher aber in die Zeit seines Nachfolgers (und Mörders) P'u-ku-jun, der bis 874 regierte.

Die in alttürkischen Handschriften anzutreffende Eigenbezeichnung *on uyġur eli* „Reich der zehn (Stämme der) Uiguren“ oder auch nur *uyġur eli* „Reich der Uiguren“ zeigt deutlich, daß sich die neuen Herren von Chotscho als Nachfolgestaat des großen Steppenreiches der Uiguren betrachteten. Ein Hinweis impliziter Art auf diesen Um-

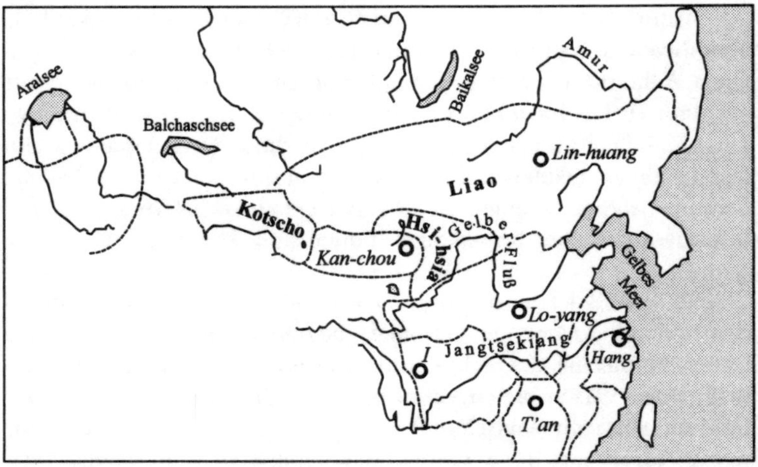


Das Reich der Liao und Hsi-hsia, die uigurischen Staaten des 9. und 10. Jh.

stand findet sich in der Titulatur der uigurischen Herrscher, die weiterhin den Bestandteil *kün ay tängri* . . . „Sonnen- und Mondgott . . . (von diesem das Charisma erlangt habend . . .)" haben, der auf den manichäischen Glauben hindeutet und auch bei den Steppenkaganen zu finden ist. Beispielhaft sei der Herrschername eines uigurischen Königs genannt, der Anfang des elften Jahrhunderts in Chotscho regierte: *kün ay tängridä kut bulmış uluġ kut ornanmış alpın ärdämin el tutmış alp arslan kutluġ köl bilgä tängri hanımız,* was in etwa übersetzt werden kann mit: „unser göttlicher Herrscher, der von Sonne- und Mondgott das Charisma erhalten hat, mit großem Charisma ausgestattet ist, mit Tapferkeit und militärischer Fähigkeit das Reich regiert, der Tapfere Löwe (= *alp arslan,* vielleicht Titel), der würdige Köl Bilgä". Der Name *Köl Bilgä* bedeutet möglicherweise „weise wie der See".

Über das Wesen der Verwaltung erfahren wir aus den Quellen kaum etwas. Nach A. von Gabain gab es beim Herrscher sowohl die Erbfolge als auch die Wahl durch das Volk. Als zuverlässig können wir allerdings die Nachricht betrachten, daß der Kaġan neun Minister zur Seite hatte.

Ebenso dürftig sind unsere Kenntnisse über die Ausdehnung des Reiches. Die Quellen vermitteln uns eher ein widersprüchliches Bild. Bei einem vorsichtigen Vergleich der verschiedenen Angaben dürfen wir aber davon ausgehen, daß fast alle Gebiete des heutigen Sinkiang dazugehörten – mit von Zeit zu Zeit verschobenen Grenzen. Die Hauptstadt dürfte – zumindest den größten Teil der Zeit – Chotscho gewesen sein.

Da die literarischen Zeugnisse der uigurischen Kultur weiter unten in einem späteren Kapitel besprochen werden, wollen wir hier nur noch einige Worte zur materiellen Kultur sagen.

In der Architektur sind die Höhlentempel von besonderem Interesse. Es gab ganze Klöster mit Tempeln und Wohnanlagen, die in schroffe Abhänge – vornehmlich an Flußufern – geschlagen waren. Das Anlegen solcher Höhlen wurde zumal in der Turfan-Oase durch den Lößboden, der stabil und doch gut zu bearbeiten ist, erleichtert. Die umfangreiche Holzausstattung dieser Höhlen ist zwar heute nicht mehr vorhanden, läßt sich aber rekonstruieren. Die verschiedenen Höhlen waren durch hölzerne Treppen und vorgebauten Balkons miteinander verbunden. Diese Höhlenarchitektur hat ihr Vorbild in Indien. Die topographischen Gegebenheiten, die hier ausgenutzt wurden, boten nicht nur Schutz vor feindlichen Eindringlingen, sondern auch vor Hitze im Sommer und Kälte im Winter.

Bei der Innenarchitektur dieser Höhlen erschienen zum Teil Erinnerungen an das frühere nomadische Leben der Bewohner: man findet Deckenkonstruktionen, die durch Form und Bemalung die Illusion eines Zeltdaches hervorrufen.

Anwesen in der Ebene waren für gewöhnlich von Mauern umgeben. Als Baumaterial wurden meist getrocknete Lehmziegel verwendet. Einzelne Bauten waren teilweise mit gebrannten Fliesen geschmückt. Man weiß hierüber nicht nur durch die ausgegrabenen Reste Bescheid, sondern auch durch Abbildungen aus Handschriften. Die Lehmmauern sind im Laufe der Jahrhunderte verfallen. Ebenso verfallen, aber auf Abbildungen überliefert, sind verschiedene Gegenstände des täglichen Lebens wie Sitzmöbel, Schalen, Krüge usw.

Nicht nur Abbildungen, sondern auch Reiseberichte – vornehmlich von Chinesen – vermitteln uns ein vergleichsweise deutliches Bild vom Äußeren der Uiguren dieser Zeit. Die dargestellten Frauen werden in der Regel der „gehobenen" Gesellschaftsschicht angehört haben. Jedenfalls könnte man das von ihrer äußerst aufwendigen Haartracht schließen, die – in verschiedene Richtungen aufgebauscht – von etlichen Nadeln gehalten, mit einer über den Rücken herabhängenden Schärpe geschmückt war. Die Kleidung bildet bei Frauen wie bei Männern ein recht buntes Bild und es sind verschiedene Trachten zu unterscheiden, die jedoch keiner speziellen Bevölkerungsgruppe zuzuordnen sind. Auch an Haartrachten sind bei den Männern verschiedene Varianten erkennbar. Am häufigsten war offenbar der auf dem Hinterkopf hochgesteckte Knoten. Das lange, bis über die Schultern fallende offene Haar war offenbar ein Privileg des Adels.

Von vielen weiteren Details, die auf Bildern erkannt werden können, seien hier nur noch die Plättchenpanzer erwähnt, die aus Panzerhemden und -hosen bestanden. Auch Pferden wurde ein Panzer übergezogen.

Die buddhistischen Mönche und Nonnen hatten die Köpfe geschoren, während die manichäischen Elekten – wie der Adel – lange offene Haare trugen mit einer weißen Kappe darauf, die von einem roten Band, das unter dem Kinn geknüpft war, gehalten wurde.

Die Uiguren, die ja zum größten Teil als Anhänger des Manichäismus aus der Steppe gekommen waren, bekannten sich nach und nach – unter dem Einfluß der an den jeweiligen Orten ansässigen Iraner und Tocharer – zum Buddhismus. Im zwölften Jahrhundert stellten die Anhänger der Lehre des Erleuchteten schließlich die absolute Mehrheit.

Nach kurzer Oberherrschaft unter den aus der mongolisch-chinesischen Dynastie Liao (Kitan) hervorgegangenen Kara-Kitaj unterstellten sich die Uiguren von Chotscho 1209 freiwillig den Mongolen. Das Königreich war ihnen zwar tributär verpflichtet, blieb so von Zerstörungen verschont und wurde sogar vorbildhaft für die spätere mongolische Reichsverwaltung.

Der oben erwähnte Aufstand 848 in Sha-chou im Nordwesten Kansus gegen die Tibeter hatte dort zu der Bildung des chinesischen Distrikts Kui-i-kün „Rückkehr der gerechten Sache“ geführt. Von diesem Distrikt war zunächst auch das uigurische Reich von Kanchou abhängig, bis es sich um 880 etablieren konnte. Innerhalb der folgenden zwei Jahrzehnte entwickelte sich eine rege Handelsbeziehung zwischen Kan-chou und China, was wohl auch dazu beitrug, daß die Uiguren von Kan-chou so stark wurden, daß sie 902 dem T'ang-Kaiser in seiner Bedrängnis ihre Hilfe anbieten konnten, die jedoch abgelehnt wurde. China hätte nicht zum erstenmal erfahren können, daß es möglich war, rasch in die Abhängigkeit von den Uiguren zu geraten.

Nach anfänglichen Auseinandersetzungen zwischen dem uigurischen Kan-chou und dem vormaligen Distrikt Kui-i-kün, der sich inzwischen eigenständig gemacht hatte, verbesserten sich die Beziehungen, und es kam sogar zu Verheiratungen zwischen den beiden Herrscherhäusern. Auch gab es mehrere gemeinsame Gesandtschaften an den chinesischen Hof. Daß chinesische Quellen zweimal (967 und 980) vom Kağan der Uiguren von Kan-Sha-chou reden, könnte bedeuten, daß in dieser Zeit die beiden Reiche vereint waren.

Nach 980 nehmen die Beziehungen zwischen den Uiguren von Kansu und China plötzlich ab. Während zwischen 984 und 996 keine uigurische Gesandtschaft an den chinesischen Hof zu verzeichnen ist, gab es etwa ein Dutzend an den Hof der Liao. Offenbar ahnte man voraus, welche Gefahr die Kitan bedeuteten, und obwohl bald die diplomatischen Beziehungen zu China – wo inzwischen die Sung-Dynastie regierte – wieder aufgenommen wurden, weigerten sich die Chinesen, den Uiguren gegen die Kara-Kitaj und die Tanguten zu Hilfe zu kommen. Letztere scheiterten zwar in zwei Schlachten gegen die Uiguren, konnten diesen jedoch erheblichen Schaden zufügen. Ihre erfolgreiche Gegenwehr hatten die Uiguren nicht zuletzt ihrer Allianz mit einem tibetischen Stamm zu verdanken, dessen Name auf Chinesisch mit Tsung-ko überliefert ist. Wenn die Chinesen ihre Hilfe versagten, mag das seine Ursache in dem alten chinesischen Prinzip gehabt haben, die Barbaren sich gegenseitig „beschäftigen" zu lassen, um selbst Ruhe zu haben.

Die letzten zehn Jahre des Reiches von Kan-chou waren eine Aneinanderreihung von kriegerischen Auseinandersetzungen mit den Kara-Kitaj und Tanguten. 1028 schließlich trugen letztere endgültig den Sieg über Kan-chou und zwei Jahre später über Sha-chou (Dunhuang) davon. In großer Zahl flüchteten Uiguren und Tibeter aus diesen Gebieten.

Das Königreich von Qočo dagegen erlebte unter den Mongolen einen zweiten kulturellen Aufschwung. Der von den Mongolen geförderte Buddhismus erhielt neue Impulse, und zunehmend machte sich der Lamaismus bemerkbar, was zunächst zu einer regen Auseinandersetzung mit dem Sanskrit führte und dann auch die Bekanntschaft des Tibetischen selbst förderte.

Bis zum Tode Dschingis Khans verlebte das uigurische Reich einige ruhige Jahre. Zwischen beiden Herrschern scheint ein großes Maß an Einvernehmen geherrscht zu haben. Dschingis Khan bezeichnete den uigurischen König als seinen fünften Sohn. Uigurische Waffenhilfe für die Mongolen war selbstverständlich, so z. B. im gemeinsamen Krieg gegen Khwarezm.

Nach dem Tode Dschingis Khans jedoch verstand es Qočo nicht, sich aus den Nachfolgestreitigkeiten unter den Mongolen herauszuhalten. Auch der Krieg, den Khaidu gegen Kubilai Khan anzettelte, wirkte sich auf die Uiguren aus. In seiner Folge mußte der uigurische

Herrscher seine Residenz von Beşbalık nach Kara-Qočo wechseln. Mehrere Namen uigurischer Herrscher aus dieser Zeit sind in den Annalen der Yüan-Dynastie überliefert, doch ist über ihre Schicksale meist sehr wenig bekannt. Das uigurische Herrscherhaus, deren Oberhäupter den Titel Idikut trugen, erlosch mit dem Niedergang der von den Mongolen begründeten Yüan- und dem Aufstieg der Ming-Dynastie um 1370.

Schon fast 300 Jahre vor den zuletzt geschilderten Ereignissen in Sinkiang und Kansu mit ihren größtenteils buddhistischen Kulturzentren bahnte sich im Westen des Tarimbeckens eine kulturelle Umwälzung an. Dort machte der türkische Stammesverband der Karluk, deren Name schon mehrfach gefallen ist, immer engere Bekanntschaft mit dem aus dem Süden herandrängenden Islam. Hiermit wurde der Niedergang der kulturellen Blüte der Türken Zentralasiens eingeleitet.

Die Karluk hatten sich nach ihrer Beteiligung am Sturze der Türk und der folgenden Vertreibung durch die Uiguren im Gebiet zwischen Tarbaghatai-Gebirge, dem Schwarzen Irtisch und dem Balchasch-See niedergelassen. Es ist unklar, ob sie zunächst noch – und wenn ja, wie lange – unter der Herrschaft der Uiguren standen. Möglicherweise gehörte diese Gegend auch später noch einige Zeit zum Herrschaftsbereich der Uiguren von Chotscho/Qočo.

Als es in dieser Gegend 751 zu einer schweren kriegerischen Auseinandersetzung zwischen Chinesen und Arabern kam, kämpften sie auf arabischer Seite, ihre früheren Verbündeten auf chinesischer. Die Niederlage der Chinesen war ausschlaggebend für ihren künftigen Verzicht auf eine Vormachtstellung im Zweistromland. Die Karluk konnten in der Folgezeit ihr Herrschaftsgebiet bis zum Oxus hin ausdehnen und stellten nach dem Zusammenbruch des uigurischen Steppenreiches die bedeutendste türkische Macht in Zentralasien. Ihr Herrscherhaus, das sich auf die alttürkische Dynastie der A-shi-na zurückführte, betonte damit die Legitimation seiner Führungsrolle. Dies fand auch Ausdruck darin, daß ihre Herrscher den Stellvertreter-Titel *yabġu* ablegten und sich hinfort „Khan“ nannten. Dem Titel fügten sie das Attribut *kara* „schwarz“ hinzu. Diese Farbe hatte in der türkischen Farbsymbolik die Bedeutung „haupt-“. Ihre Dynastie wurde später unter dem Namen der Karachaniden bekannt. Anfang des zehnten Jahrhunderts trat ihr Khan Sartuk zum Islam über. Gegenstand islamischer Geschichte werden die Karluk aber endgültig mit dem Jahre 961, als nach einem Kriege zwischen der östlichen und der westlichen Dynastie, in dem die Muslime von iranischen, nämlich samanidischen Kräften, und die Nichtmuslime – insbesondere Buddhisten – von den Chinesen unterstützt wurden.

Als bald darauf die Herrschaft der Samaniden auf Grund interner Machtkämpfe zerfiel, konnten zwei türkische Dynastien ihre Herrschaftsfolge antreten, nämlich erstens die Karachaniden und zweitens die Ghaznaviden, eine Dynastie, die von dem ogusischen Herrscher Sebüktegin in Zentralafghanistan – eben in Ghazna – begründet und von seinem Sohn Mahmud 998 gefestigt worden war.

*Lesevorschläge:*
Die beiden zu diesem Kapitel empfehlenswerten Monographien sind zwar schon etwas älteren Datums, jedoch nach wie vor die informativsten Arbeiten. VON GABAIN (1961) für Qočo und PINKS für Kansu. Entsprechend unseren Ausführungen im obigen Kapitel vermittelt das Buch von A. VON GABAIN einen gründlichen Einblick in die spätere uigurische Kultur. Ein gründlicher Bildband veranschaulicht das im ersten Band mit Worten Gesagte. Das Buch von PINKS geht mehr auf die historischen Abläufe ein, berücksichtigt aber auch in hohem Maße die Handelsbeziehungen zwischen Kansu und China. Da die Verfasserin sich auf chinesische Dokumente stützt, kann sie auch nähere Angaben zu den Gegenständen und dem Umfang des Handels machen.

Neuere Ergebnisse, die das in diesen beiden Büchern dargebotene Bild ergänzen, sind nur den sporadischen Veröffentlichungen zu entnehmen, die sich z. T. in der Literaturliste befinden. Besonders hervorzuheben ist HAMILTON (1986), der in seiner Einleitung zahlreiche historische Fakten anführt.

Für rein kunsthistorische Informationen über Turfan bieten sich nach wie vor die alten Bände GRÜNWEDELS an, die zahlreiche Abbildungen enthalten.

IZGI (1987) behandelt nicht – wie der Titel verspricht – die politische und kulturelle Geschichte der Uiguren, sondern beschreibt die Verhältnisse in Turfan. Entsprechend dem Untertitel hat er Rechtsurkunden verschiedener Art ausgewertet, so daß er vor allem zu Ergebnissen soziologischer und juristischer Art kommt. Solche Informationen sind allerdings auch mehreren Fachartikeln in deutscher Sprache von ZIEME (s. Literaturliste) zu entnehmen.

## *Literarische Zeugnisse*

Die alttürkische Literatur wurde von Louis Bazin und Annemarie von Gabain in den ›Philologiae Turcicae Fundamenta‹ (Bd. II) trefflich abgehandelt. In diesem Kapitel soll also nicht alles dort Gesagte noch einmal wiederholt werden, sondern nur das Wichtigste herausgegriffen und durch einige Bemerkungen erweitert werden, die einen etwas neueren Kenntnisstand wiedergeben.

Die voruigurische schriftliche Literatur, die uns überliefert ist, ist ausschließlich epigraphischer Art und wurde bereits weiter oben behandelt. Handschriften und Blockdrucke sind uns erst aus der Zeit der uigurischen Besiedlung der zentralasiatischen Stadtstaaten bekannt. Von ihnen ist der allergrößte Teil religiöser, dem Umfang nach christlicher, manichäischer und schließlich buddhistischer Art.

## Profane Texte

Nachdem ein Teil der Uiguren nach der Flucht aus der Steppe sich in der Turfan-Oase niedergelassen hatte, nahmen sie am ökonomischen Leben teil wie auch die vorher dort ansässigen Bewohner. Sie betätigten sich als Händler und Ackerbauern oder gingen als Mönche in die Klöster.

Die religiöse Kultur brachte eine sehr reichhaltige Literatur hervor, von der weiter unten gehandelt werden soll. Die schriftlichen Zeugnisse des ökonomischen Lebens sind zwar nicht als Literatur zu betrachten, gehören aber nichtsdestoweniger zum Schrifttum, das nicht nur durch seine Inhalte aussagekräftig ist, sondern auch durch seinen formalen Aufbau.

Als Händler allerdings waren die Uiguren schon in der Zeit des Steppenreiches tätig. Sie besaßen für den zwischenstaatlichen Handel sogar eigene Handelskolonien in verschiedenen Städten Chinas. Zwar waren die Handelsbeziehungen zur Zeit der Stadtstaaten zwischen den Uiguren in Kansu und China auf Grund ihrer geographischen Nähe zu diesen intensiver als zwischen den Uiguren von Turfan und den Chinesen, doch sind wir über Kansu durch chinesische Quellen, über Turfan jedoch auch einigermaßen gut durch uigurische, also türkische Quellen informiert, die uns hier angehen.

Die auf uns gekommenen Dokumente sind sehr unterschiedlicher Art. Eine bedeutende Gruppe stellen hier die Kaufverträge dar, die formal eine gewisse Einheitlichkeit aufweisen. Für einige Kaufverträge, aber auch Urkunden über Adoptionen, Mitgiftregelungen und Testamente sind insbesondere Klauseln für den Vertragsbruch typisch. Darin wird festgelegt, wieviel Entschädigung an wen zu zahlen ist. Anmerkenswert ist in diesem Falle, daß an erster Stelle immer der mongolische Kaiser als Empfänger genannt wird, der ja ab 1209 das Reich von Turfan als Vasallenstaat in sein Reich integriert hat.

Aus diesen Texten gehen sowohl die Handelsgegenstände als auch deren Preise hervor. Als Zahlungsmittel werden Stoffe, Metallgeld und Papiergeld genannt, wobei Metallgeld aus Gold, Silber und Kupfer bestand.

In diese Gruppe von Texten gehören auch die Landverkaufsverträge. Eigentümlicherweise wird in ihnen nicht die Größe des gekauften Landes erwähnt, dagegen aber teilweise die für das Land erforderliche Saatgutmenge, was deshalb so interessant ist, weil die Verträge sich sonst im großen und ganzen an chinesische Vorbilder anlehnen, die erwähnte Regelung aber nicht in chinesischen, sondern in Sanskritverträgen zu finden ist.

Diese Dokumente – wie auch die unten beschriebenen – sind ausgezeichnete Quellen für ein uigurisches Onomastikon (das erst zu einem Teil vorliegt), da sowohl Verkäufer als auch Käufer, Zeugen und Schreiber namentlich erwähnt werden.

Dies gilt – wie gesagt – auch für Pachtdokumente, die folgende Angaben enthalten: Datum (immer nach dem Zwölftierzyklus), Pächter, Verwendungszweck des Pachtlandes, Teilhaberschaft, Bedingungen des Pachtverhältnisses, Höhe des Pachtzinses, Bewirtschaftung des Pachtlandes, Steueraufkommen, Zeugen, Siegel, Schreiber der Urkunde.

Eine weitere Gruppe von Urkunden sind die Leihkontrakte, denen wir entnehmen können, daß vor allem Getreide – insbesondere Weizen, Hirse und Gerste – Wein, Sesam, Baumwolle, Leinen und auch Geld verliehen wurden. Auch diese Dokumente enthalten die Namen der beteiligten Personen, einschließlich der Zeugen. Nach chinesischem Vorbild waren die Zinsen immens hoch. In der Regel hatte der Entleiher das Doppelte dessen zurückzuerstatten, was er entliehen hatte.

Zu den Handelsverträgen zu rechnen sind auch die Dokumente über Sklavenkäufe. Außer den Informationen, die ihnen über den Sklavenhandel im uigurischen Königreich zu entnehmen sind, gibt es kaum Erkenntnisse aus anderen Quellen.

P. Zieme vertritt die Meinung, daß die Sklavenarbeit keine grundlegende Produktionsform bildete. Darauf läßt sich aus der geringen Anzahl der aufgefundenen Dokumente, wie auch aus den hohen Preisen schließen. So konnten z. B. für eine Sklavin 150 Böz, d. h. Ballen Baumwollstoff verlangt werden, für einen Jungen wird der Preis von 60 Goldstücken genannt. Im Vergleich dazu: Für ein gutes Pferd hatte man unter Umständen einen Ballen Seide zu zahlen, für ein Pferd minderer Qualität nur etwa drei Meter. Aus den Dokumenten geht hervor, daß es üblicherweise zur Versklavung kam, wenn auf Grund der Verschuldung des Haushalts ein Familienmitglied verkauft wurde.

Aus der Zeit der mongolischen Herrschaft stammt auch eine Anzahl von Steuerbefreiungsurkunden für buddhistische Klöster. Überall im Reiche waren Klöster, die es in großer Anzahl gab, von jeglicher Art von Abgaben und von Fronarbeit befreit. Diese Urkunden spiegeln den ständigen Konflikt zwischen Kirche und Staat wieder, der ja eher bestrebt war, möglichst hohe Steuerabgaben einzutreiben. Spannungen bis hin zum Religionsverbot sind uns in dieser Hinsicht gut aus der chinesischen Geschichte bekannt.

## Religiöses Schrifttum

### *Nestorianische und manichäische Literatur*

Nach J. P. Asmussen waren die Ausgangsbasen des zentralasiatischen Christentums jüdisch-christliche Gemeinden im parthischen Iran. Das Christentum im Gewande des Nestorianismus hat in türkischer Sprache überraschend wenige Schriftzeugnisse hinterlassen. Das verwundert um so mehr, als von der sogdisch-christlichen Literatur recht zahlreiche Texte auf uns gekommen sind, die aus der uns betreffenden Zeit und demselben Raume stammen. Warum hätten die sogdischen Kaufleute in der Verbreitung des Christentums auf ihren Handelswegen weniger erfolgreich sein sollen als bei Manichäismus und Buddhismus? Darüber hinaus ist bekannt, daß es wenigstens vom siebenten bis zum dreizehnten Jahrhundert türkische christliche Gemeinden in Zentralasien gegeben hat. Durch Reisende wie Marco Polo und Wilhelm Rubruk wissen wir auch, daß Kubilai Khan zwei uigurische christliche Mönche als Botschafter in den Westen geschickt hat. Zu jener Zeit, also gegen Ende des dreizehnten Jahrhunderts, gab es mehrere christliche Gemeinden im uigurischen Königreich von Chotscho.

Von ihrer Literatur sind lediglich einige Bruchstücke der Georgspassion und ein Fragment erhalten, das keinem bestimmten Text zuzuordnen ist. Das größere Fragment der Georgspassion scheint direkt auf eine syrische Vorlage zurückzugehen. Es ist religionshistorisch durchaus von beachtlichem Wert, da es eine christliche Erklärung für die Entstehung des Feuerkultes beinhaltet.

Wesentlich zahlreicher als die christlichen sind die manichäischen Texte der Türken. Zu ihrer Erforschung sei hier insbesondere auf die

Publikationen neueren Datums von Peter Zieme verwiesen, der sich in vielen kürzeren und längeren Veröffentlichungen um die Kenntnis des türkischen Manichäismus wie kein zweiter verdient gemacht hat.

Wie wir in dem Kapitel über die uigurische Geschichte erfuhren, wurde der Manichäismus 762 unserer Zeit durch die Bekehrung Bögü Kagans zur „offiziellen“ Religion im uigurischen Steppenreich. Nach der Meinung von H. J. Klimkeit, der sich als Religionshistoriker intensiv der Entwicklung des Manichäismus in Zentralasien gewidmet hat, hatten die Uiguren schon vor dieser Bekehrung, die ja auf chinesischem Boden erfolgte, Beziehungen zum geistlichen Oberhaupt in Chotscho und zu weiteren Manichäern an der nördlichen Seidenstraße.

Wie aus den Texten und insbesondere ihrer Terminologie zu ersehen ist, kam es im Königreich von Chotscho im Laufe der Zeit zu einer Durchdringung von Manichäismus und Buddhismus. Nicht zuletzt war es eine außergewöhnliche religiöse Toleranz in diesem Reich, die zu einer kulturellen Blüte führte, deren vollen Umfang wir jetzt erst langsam zu begreifen beginnen. Dies zeigt sich nicht nur darin, daß ein und derselbe Tempel von verschiedenen Religionen gleichzeitig als Kultstätte benutzt wurde, wie A. von Le Coq aus seinen Funden schloß und was vielleicht heute mit etwas Zurückhaltung als Tatsache angesehen werden sollte, sondern – und das wird schließlich durch die überlieferten Texte bewiesen –, vielmehr dadurch, daß z. B. ein Stifter, der der einen Religion angehörte, die religiösen Verdienste aus seinem frommen Werk einem Angehörigen einer anderen Religion widmen konnte. Auch kam es vor, daß z. B. manichäische Herrscher buddhistischen Einrichtungen Stiftungen zukommen ließen. Man stelle sich also – transponiert in die heutige Zeit – vor, eine christliche Gemeinde sammele Geld, um einer buddhistischen Gemeinde beim Bau ihres Tempels zu helfen.

Von der Übernahme buddhistischen Gedankenguts in den Manichäismus zeugt z. B. der ›Große Hymnus an den Vater Mani‹. Er befindet sich in einem der indischen Buchtradition entstammenden Pothi, das sind ungeheftet aufeinandergelegte Blätter, die meist einen Schnürlochkreis enthielten, durch den ein Faden gezogen war, der die Blätter zusammenhielt. In diesem Text weisen nicht nur Anrufungen des Mani z. B. als „Buddha Mani!“ auf den Buddhismus hin, sondern auch verwendete Begriffsreihen wie z. B. die Dreiergruppe „Gier, Zorn, Verblendung *(lobha, dveṣa, moha)*“, die die Grundübel darstellen.

Im selben Pothi findet sich auch ein zweisprachiger Mani-Hymnus, eine interlineare Übersetzung aus dem Tocharischen ins Türkische. Auch in diesem wie in einem weiteren Hymnus an Mani werden die buddhistischen Einflüsse sehr deutlich. Dies trifft aber nicht nur auf die Mani-Hymnen zu, sondern auch auf andere Hymnen, wie z. B. auf den an die Göttin Morgenröte. Wie im übrigen hier das (im Kapitel zur türkischen Religion diskutierte) Wort Tängri im hier vorliegenden *tang tängri* (= Morgenröte-Gott) zu verstehen ist, ist schwerlich zu klären. Klimkeit hat wohl recht, wenn er es wörtlich als „Gott" interpretieren will.

Außer weiteren Hymnen – wie z. B. über die Unsterblichkeit der Seele oder die Höllenqualen – sind auch Gebete überliefert, so Gebete um Erbarmung, Vergebung usw.

Ein wichtiges Genre der manichäischen – wie auch buddhistischen – Literatur stellen die Beichtformulare dar. Auch hier lassen sich wieder klare buddhistische Einflüsse erkennen, so wenn z. B. vom Gedenken an Gott, die Lehre und die Gemeinde der Electi die Rede ist, was an die buddhistische Dreiheit von Buddha, Lehre *(dharma)* und Gemeinde *(saṃgha)* erinnert.

Der bedeutendste Beichttext ist das aus dem Sogdischen übersetzte Xuastvanift, welcher recht verbreitet gewesen zu sein scheint, da über 20 Fassungen von ihm gefunden wurden. Man nimmt an, daß er während des Gottesdienstes von einem Geistlichen vorgelesen wurde, während die Gemeinde, die Auditores, vielleicht an manchen Stellen im Chor einfielen.

*Buddhistische Literatur*

Vor der Besprechung einzelner Texte sollen ein paar Worte zur Gestaltung der schriftlichen Zeugnisse der buddhistischen Zeit gesagt werden. Die meisten buddhistischen Texte der Türken wurden in Turfan gefunden, einige in Dun-huang in der Provinz Kansu, wenige am Etsen-Gol.

Buddhistische Texte finden sich in mehrererlei Schriftarten. Die Brāhmī-Schrift, eine frühe Verwandte des indischen Devanagārī-Alphabets, wurde in Turfan für Sanskrit, Tocharisch und Uigurisch verwendet, die tibetische Schrift für tibetische und, ganz selten, für uigurische Texte. Allein in diesen Schriftarten konnte konsequent zwischen */a/* und */ä/* bzw. zwischen */ö/* und */ü/* unterschieden werden. Die dritte und weitaus verbreitetste Schrift, die für buddhistische Texte verwendet wurde, war die uigurische, welche ihrerseits aus der Sogdiana stammt. Sie wurde sowohl für Blockdrucke, wie auch für Handschriften verwendet, wobei der Duktus buddhistischer Texte sich leicht von dem manichäischer oder nestorianischer unterscheidet.

Wenn auch all diese Fakten uns genaue Datierungen nicht erlauben, können wir daraus doch den Schluß ziehen, daß sich im Rahmen bestimmter Schulen bestimmte Schreibtraditionen entwickelt hatten, die zu verschiedenen Normierungen der Orthographie führten. Türkische Blockdrucke in uigurischer Schrift sind teilweise illustriert. Die meisten Texte in uigurischer Schrift sind mit der Rohrfeder geschrieben, nur wenige nach chinesischem Vorbild mit dem Pinsel.

Handschriften in uigurischer Schrift erscheinen als Buchrollen, Bücher mit Schnürloch, breit oder auch längs genommen. In späterer Zeit werden Manuskripte auch als Faltbuch in chinesischer Weise geheftet, d. h. parallel dem Längsrand. Um Buchrollen herzustellen, wurden mehrere Blätter zusammengeklebt, so daß Bücher von mehreren Metern Länge entstehen konnten, die auf einen Holzstab gewickelt wurden, an dem ein Ende angeklebt war. Am anderen Ende der Rolle war ein Band befestigt, das mehrfach um die Buchrolle geschlungen und verknotet wurde. Aus den Buchrollen entwickelten sich die Faltbücher, bei denen die einzelnen Blätter gefaltet und dann ziehharmonikaartig zusammengeklebt wurden. Uigurische Faltbücher sind stets Drucke. Die sogenannten Pothis bestehen aus langen, aufeinandergelegten Blättern, die oft ungeheftet sind, oder bei Werken in rechtsläufiger Schrift am linken Rand, bei Werken in linksläufiger Schrift durch eine Schnur am rechten oder bei senkrechtem Format auch in der Mitte der oberen Hälfte zusammengehalten wurden.

Im Folgenden möchte ich auf einige einzelne Texte eingehen, möchte aber diese Ausführungen recht kurz halten und auf die von mir 1980 veröffentlichte kommentierte Bibliographie der größeren buddhistischen Texte verweisen. So möchte ich mich hier auf einen repräsentativen Querschnitt beschränken und nur insbesondere auf Texte eingehen, die seitdem ediert worden sind.

Da eine Datierung der uigurischen Texte in fast allen Fällen bisher nicht möglich ist und die Stellungnahmen der Fachleute hierzu teilweise um mehrere Jahrhunderte schwanken, scheint es mir nach wie vor sinnvoll, die Texte nicht chronologisch geordnet, sondern nach der Schulzugehörigkeit aufzuführen. Das Problem der schwierigen Datierbarkeit ist nicht nur eine Folge der ungenauen Datierung nach dem Tier-Zyklus, sondern in den meisten Fällen ganz einfach dadurch bedingt, daß wir es meist mit mehr oder weniger fragmentarischen Texten zu tun haben. Vor allem fehlen meist die Kolophone, aus denen ein Datum hervorgehen könnte. Eine große Ausnahme ist hier ein Druck des Suvarṇaprabhāsasūtra, der sich auf das Jahr 1687 festlegen läßt. Es ist ein besonders später Text, lange Zeit nach der Blütezeit des türkischen Buddhismus, der für das 10./13. und 14. Jh. angenommen werden darf.

Mit der Frage des Alters buddhistischer uigurischer Texte setzte sich J. P. Laut (1986) auseinander. Von der sogenannten „sogdischen Hypothese“ ausgehend, daß also der Buddhismus der Türken auf sogdischer Basis fußte, untersuchte er Lehnwörter und dialektdifferenzierende Eigenschaften mehrerer Texte. Nach Laut ist ein wichtiges Indiz für die östliche Provenienz der Texte mit sogdischen Lehnwörtern ihre orthographisch-sprachliche Nähe zu den manichäisch-türkischen Texten. Diese Schriften haben keine westlichen – wie früher angenommen wurde –, sondern archaische Züge, so daß einige von ihnen sicherlich noch in die Zeit des uigurischen Steppenimperiums zu datieren sind.

Was die Prosodie der Texte angeht, finden sich sowohl Prosa- wie auch metrische Texte und Prosatexte mit eingestreuten Versen. Zwei Stilmittel sind dabei vorherrschend: Der an die Silbenzahl gebundene Rhythmus und die Alliteration.

Nach diesen Forschungen gehört einer der umfangreichsten uigurischen Texte, die ›Maitrisimit‹, in diese frühe Epoche. In ihr wird vom Leben und Wirken des Buddhas der Zukunft Maitreya erzählt. Zwar ist durch den chinesischen Reisenden Fa-hsien bereits um 400 u. Z. die Verehrung dieses Buddha bezeugt, zu einem regelrechten Maitreya-Kult kam es aber erst in späterer Zeit. Als zukünftiger Buddha gilt er als der ranghöchste unter den Bodhisattvas und hat im gesamten ehemals buddhistischen Kulturbereich – also von Nord-Iran bis Japan – besondere Verehrung erfahren.

In den alten uigurischen Siedlungsgebieten, den Oasenstädten Ostturkestans wie auch in Kansu finden sich neben Inschriften mit Ausschnitten aus Buddhas Predigten in den Felsgrotten Fresken, die Maitreya darstellen. Er war wohl der am häufigsten abgebildeten Bodhisattva. Seiner Beliebtheit entsprechend finden sich Werke über ihn in zahlreichen – auch zentralasiatischen – Sprachen. Bei der türkischen ›Maitrisimit‹ handelt es sich um eine eher freie Übertragung aus dem Tocharischen.

Von einem der bedeutendsten Texte des Hīnayāna-Buddhismus, dem ›Abhidharmakośaśāstra‹ mit Sthiramatis Kommentar, existieren Fragmente mehrerer Abschriften der uigurischen Übersetzung. Dieser Text, der als das Hauptwerk der Sarvastivādins gilt, in dem Vasubandhu aber in seinem Autokommentar oftmals Sautrāntika-Standpunkte vertritt, ist eine der wenigen buddhistisch-philosophischen Schriften in uigurischer Sprache.

Weder als populär-religiös noch als direkt philosophisch kann man die Prajñāpāramitāliteratur bezeichnen, in der die Unfaßbarkeit und Unbestimmbarkeit des höchsten Seins betont wird. Diese Literatur ist mit einigen Fragmenten des ›Prajñāpāramitāhṛdayasūtras‹ vertreten. Vom ›Saddharmapundarīkasūtra‹, das Winternitz das literarisch am höchsten stehende Mahāyānasūtra nennt, sind einige Fragmente in West-Berlin vorhanden. Die sich gedanklich an die Prajñāpāramitāliteratur anschließende erste philosophische Schule ist das Mādhyāmaka. Der berühmte ›Brief an einen Freund‹ (Suhrleka) des Begründers der Mādhyāmaka-Schule Nagārjuna ist ebenfalls fragmentarisch erhalten. Besonderer Beliebtheit auch unter den Uiguren erfreute sich das schon erwähnte ›Suvarṇaprabhāsottamasūtra‹, das ›Höchste Sutra vom Goldglanz‹, von dem ein Blockdruck aus Kansu und sechs fragmentarische Abschriften erhalten sind, die wahrscheinlich alle auf den uigurischen Gelehrten Şingko Şäli Tutung zurückgehen, der im zehnten Jahrhundert wirkte. Das ›Altun Yarok‹, wie es auf türkisch heißt, behandelt zwar auch philosophische Aspekte wie z. B. die Lehre der Śūnyatā, es weist aber auch schon tantrische Elemente auf, vor allem eine Fülle von Dharanis, also magischen Formeln, und ist aufgelockert durch eine Vielzahl von Legenden und Jātaka-Erzählungen. Ein Text, der noch mehr auf die Volksfrömmigkeit abzielt als auf philosophische Schulung, ist das dem Amitābha-Kult angehörende ›Abitaki‹. Die Verehrung des Buddha Amitābha zeigt starke Parallelen zur hinduistischen Bhakti-Bewegung, die sich wohl spätestens seit der ›Bhagavad-Gītā‹, ihrem bedeutendsten hinduistischen Text, auch im Buddhismus durchzusetzen begann. Charakteristisch für den Amitābha-Kult ist die Möglichkeit der Erlösung durch Eingehen in das paradiesähnliche Land Sukhāvatī, „das Glückliche“, das in den Amitābha gewidmeten Sutren ausführlich beschrieben wird. Eng verbunden mit diesem Glaubens-Buddhismus dürfte das Aufkommen formalisierter Sündenbekenntnise sein. Im ›Kšānti kīlkuluk nom‹, der Lehre von der Verrichtung der Beichte, haben wir einen aus dem Chinesischen übersetzten, vorformulierten Beichtspiegel vorliegen.

Neues Licht für die Erforschung des Buddhismus der Türken brachten die Ergebnisse der äußerst fruchtbaren Zusammenarbeit der „Ungarischen Akademie der Wissenschaften“ und der „Akademie der Wissenschaften der DDR“ in den Jahren von 1971 bis 1981, in deren Rahmen die größeren uigurischen Übersetzungen aus dem Tibetischen bearbeitet wurden, ein Totenbuch, mehrere Traktate Nāropās, der Guru-Yoga-Text ›Tiefer Weg‹ des Sa-skya-Pandita und dem tantrischen Text ›Mañjusrināmasaṃgīti‹, ein Lobgesang auf den die Weisheit inkorporierenden Bodhisattva Mañjusrī. Diese und weitere, bisher unbearbeitete Texte geben uns zum erstenmal Kunde über die Verbreitung des Lamaismus, der für Tibet charakteristischen Art des Buddhismus, bei den Türken, in der die Verehrung des Lamas, des persönlichen Lehrers, zu dem der Schüler in einer Vater-Sohn-Beziehung steht, eine besondere Rolle spielt. Dabei wird dieser Vater-Sohn-Beziehung geistiger Art eine größere Bedeutung beigemessen als derjenigen der Blutsverwandtschaft, damit u. a. das geistige Band der persönlichen Überlieferung die Kontinuität der Tradition des Meisters gewährleistet wird. Unter den aus dem Tibetischen übersetzten Werken sind einige, die zwar auf tibetischen Vorlagen fußen, jedoch nicht direkt übersetzt wurden. Der Bearbeiter Punjasrī führt die Reihe der den Samvara-Zyklus vertretenden Lamas namentlich auf, von derem letztem, dem Sa-skya-Abt Phags-pa Blo-gros gyal-mchan er die Lehre *„kulġaktın kulġakka aġıztın aġızka“,* von Ohr zu Ohr, von Mund zu Mund, also in mündlicher Unterweisung erhalten habe. Da die Lebenszeit des Phags-pa blo gros gyal mchan feststeht, nämlich 1235–1280, ist die Datierung dieses Textes ausnahmsweise problemlos.

Unter den in letzter Zeit veröffentlichten Texten befindet sich eine Darstellung der Bewußtseins-Lehre der Yogācāra-Schule. Der Herausgeber und Übersetzer, der dieses Werk in die Zeit der Yüan-Dynastie datiert, vertritt die Meinung, daß es sich um ein autochthones uigurisches Werk handele. Nun gibt es tatsächlich uigurisch-buddhistische Originalschöpfungen, z. B. Beichtspiegel, es ist jedoch fraglich, ob das Verb *yaratmak* im Kolophon enthalten in *Vapşı Bahşı yaratmış* wirklich mit „schaffen“: der Meister Vapşı Bahşı hat geschaffen, zu übersetzen ist. Es bleibt nämlich mit Laut (1984, S. 153) zu fragen, „welche semantische Breite das Verbum ‘yarat-’ hat. Bezeichnet ‘yarat-’ nur das eigenständige Verfassen von Schriften ohne bewußten Rückgriff auf literarische Vorlagen, oder ist mit dem Begriff ‘yaratmak’ verbunden, daß eine Vorlage vorhanden ist, welche eben nicht übersetzt, sondern mehr oder weniger stark verändert ediert wird“. Wir haben durchaus Bedeutungen dieses Verbs im Uigurischen, und auch schon im runentürkischen, deren semantischer Gehalt weiter gefaßt werden muß. „Das Werk Vapşı Bahşıs zeichnet sich weder durch philosophischen Scharfsinn noch überhaupt inhaltlichen Reichtum aus, es ist ohne Zweifel unter didaktischen Gesichtspunkten konzipiert worden und vielleicht als Laienunterweisung gedacht" (Laut, a. O., S. 154).

Philosophische Texte der Yogācāraschule in uigurischer Sprache waren bisher nicht bekannt. Als der Verfasser dieser Zeilen im Jahr 1984 einen aus 62 Fragmenten bestehenden Text erhielt, den er für den ›Katalog der orientalischen Handschriften in Deutschland‹ bearbeiten sollte, handelte es sich um die auf der ersten Turfan-Expedition gefundene Handschrift, die bisher für eine Übersetzung des ›Bodhisattvabhūmiśāstra‹ gehalten wurde und unter diesem Namen in der Sekundärliteratur seit Jahrzehnten genannt worden ist. Während der Arbeit an der nun abgeschlossenen Katalogisierung stellte sich heraus, daß es sich in Wirklichkeit um einen Teil der ›Trimśikā Vijñaptimātratāsiddhi‹ des Inders Vasubandhu handelt. Ausschlaggebend für die Identifizierung war der mit roter Tinte geschriebene Śloka 27. (Das eigentliche Verdienst der Identifizierung hatte L. Schmithausen, Indologe und Fachmann auf dem Gebiet des Yogācāra und insbesondere chinesischer Literatur des Buddhismus. Auf eine von uns angefertigte Rohübersetzung hin erkannte er diesen Śloka, und erst diese Identifizierung erlaubte über die Identifizierung einzelner Termini eine sinnvolle Erarbeitung des weiteren Textes.)

Wegen einzelner in roter Tinte geschriebener Passagen des sorgfältig ausgeführten Duktus der Schrift und seines Formats – die Blätter messen in der Breite 24, in der Höhe 64 cm – wurde dieser Text als „Prachthandschrift" bezeichnet. In der Mitte der oberen Hälfte befindet sich der rot gezeichnete Schnürlochkreis, und auch die Zeilen- und Randlinierung sind mit einem roten Stift gezogen. Die meisten Fragmente behandeln eine der grundlegenden Lehren der Erlösungstheorie der Yogācāra-Schule des Mahāyāna-Buddhismus: die Nirvedhabhāgīya also: das zur klaren Erkenntnis gehörige „oder mit einem anderen Terminus: Prayogāvasthā, die Stufe der Bemühung". Dies ist der zweite meditative Abschnitt auf dem Erlösungswege des Bodhisattva, der auf den Sambhārāvasthā folgt, dem Stadium der „Ausstattung", in dem der Bodhisattva die Mokṣabhāgīya, also die zur Erlösung gehörenden Jñāna und Puṇya nämlich „Weisheit und Verdienste". In der Prayogāvasthā werden die vier Kuśalamūlā erzeugt, die „Wurzeln des Guten", von denen die beiden ersten aus den vier Paryeṣaṇā „Untersuchungen" und die nächsten zwei aus den vier Yathābhūtaparijñāna, „den vier wahrhaften Wissen" bestehen. Im Laufe ihrer Verwirklichung wird die Leere von Grāhya (Objekt) und Grāhaka (Subjekt) erkannt, womit bewiesen wird, daß nichts als die reine Vorstellung besteht. Erst auf dieses Stadium der bewußten und noch der Logik unterworfenen Erkenntnis folgt der Darśanamarga, in dessen Verlauf diese Erkenntnis spontan und damit wirklich wird.

Wie etwas später zu zeigen sein wird, ist der Śloka selbst eine uigurische Übersetzung der chinesischen Übersetzung Hsüan Tsangs des Werkes von Vasubandhu. Der Kommentar dagegen hat mit Hsüan Tsang's Kommentar nichts zu tun, und welcher Text dem uigurischen Kommentar zugrunde lag, ist ungeklärt. Von einer wirklichen Identifikation kann man daher eigentlich noch nicht sprechen.

Wie wir gesehen haben, sind in der türkisch buddhistischen Literatur alle bedeutenden Schulen, die der Buddhismus hervorgebracht hat, vertreten, mit der Ausnahme, daß wir noch keine Texte der Theravadin finden konnten. Der Vielseitigkeit und Vielschichtigkeit der einzelnen literarischen Werke entspricht deren Sprache, vor allem auf dem Gebiet des Wortschatzes, d. h. in diesem Falle, besonders der Termini technici der buddhistischen Religion und Philosophie.

Im Folgenden werden unsere Ausführungen insbesondere dieses Thema behandeln, das uns auch ein Bild davon vermitteln soll, wie vertraut die Uiguren mit dem Buddhismus waren.

Der erwähnte Kommentar zu Vasubandhus Trimśikā-Vers zeichnet sich nicht nur durch seinen – wie gesagt – unter den bisher bearbeiteten Uigurica einmaligen Inhalt aus, sondern auch durch seinen Wortschatz. Er weist einen einzigen chinesischen Terminus technicus auf und nur ganz wenige aus dem Sanskrit. Und bei diesen Lehnwörtern handelt es sich ausschließlich um sehr früh und über iranische Sprachen entlehnte Wörter.

Das alttürkische Sprachmaterial umfaßt nach der bisherigen Forschung etwa 15 % Lehnwörter, wobei der allergrößte Anteil auf indische Wörter entfällt. (Womit nicht Lehnbildungen gemeint sind, sondern in ihrer ursprünglichen Lautgestalt übernommene Wörter). Das klingt viel, aber man muß berücksichtigen, daß hiervon den wiederum weitaus größten Teil Nomina propria, Namen übernatürlicher Wesen oder Lokalitätsbezeichnungen ausmachen.

Was die Einflüsse des Chinesischen auf das Alttürkische angeht, sind wir hier bisher noch weniger in der Lage, die Schichten und die Gesamtheit des chinesischen Einflusses zu erfassen. Das Leningrader Alttürkische Wörterbuch (1968) führt ungefähr 150 chinesische Lehnwörter auf, etwa 1 % der erfaßten Stichwörter. Der Anteil der tibetischen Lehnwörter dürfte noch geringer sein, da die Übernahme tibetischer Wörter zeitlich und inhaltlich bedeutend begrenzter war, weil es sich hier ausschließlich um lamaistische Texte handelt und hier ebenfalls Nomina propria – z. B. der Lehrer, also der Lamas – eine große Rolle spielen, so daß die tibetischen Termini technici meist tantrische Termini sind. Erheblich größer als die Anzahl von Lehnwörtern, die in ihrer ursprünglichen, meist jedoch durch Mittlersprachen lautlich veränderten Struktur übernommen wurden, ist die Zahl der Lehnübersetzungen. Der wohl älteste und wichtigste buddhistische Terminus ist die türkische Wiedergabe des Wortes „Buddha", das eventuell als Kompositum aus Lehnwort und Lehnübersetzung betrachtet werden kann. Das Wort *burhan* kann unter Umständen zurückgeführt werden auf die ältere lautliche Wiedergabe des chinesischen Zeichens *fo* und höchstwahrscheinlich auf das türkische bzw. noch vortürkische *han,* so daß Burhan etwa einem Buddharāja entspräche. Dieses Wort muß übrigens dem Auftauchen des Manichäismus bei den Türken – in der Mitte des achten Jahrhunderts – vorausgegangen sein, da eben dieses Wort von den manichäischen Missionaren verwendet wurde, um den Begriff „Prophet" zu übersetzen, z. B. wird Mani selbst so bezeichnet. Es entwickelte später die Bedeutung „Götze/Idol" und wird in diesem Sinne noch heute in einigen osttürkischen Sprachen gebraucht.

Weitere Lehnwörter im Bereich der buddhistischen Termini technici sind die elementarsten Begriffe der buddhistischen Lehre, die den Erfordernissen einer auf das Volk ausgerichteten Missionierungstätigkeit entsprechen. Daß sie fast ausschließlich indischen Ursprungs sind – nicht chinesischen –, erklärt sich daraus, daß die uigurischen Texte erst aus der Zeit stammen, in der die Uiguren sich nach 840 aus der Steppe zurückgezogen und – als Manichäer – in den Oasenstädten Ostturkestans niedergelassen hatten, die iranisch besiedelt waren und in denen sowohl Mahayana als auch Hīnayāna blühten. Zu diesen Wörtern zählen, um nur einige zu nennen, *nirvan = Nirvāna, bodisatav = Bodhisattva, aviş = avici* Name der untersten Hölle in der kosmographischen Vorstellung der Buddhisten, *çakır = cakra* usw. Viele indische Wörter kommen in Komposita vor, deren erste Komponente sie in der Regel bilden, so z. B.: *çakır tilgän* = das Cakra-Rad, *bodi tuymak* = Bodhi-Erwachen, *dyan sakınç* = Dhyana-Nachdenken, *lakşan bälgülär* = Lakşana-Merkmale.

Es ist bei diesen Komposita fraglich, ob wir sie als aus zwei gleichgestellten, syntaktisch koordinierten Komponenten bestehend betrachten können; erstens nehmen die indischen, immer an erster Stelle stehenden Komponenten keine Flexions- oder Derivationssuffixe an, wie es bei anderen koordinierten Wortpaaren im Alttürkischen in der Regel der Fall ist, zweitens haben wir es semantisch selten mit wirklichen Synonymen zu tun. Es ist deshalb von K. Röhrborn vorgeschlagen worden, z. B. das erwähnte *çakır tilgän* lieber zu verstehen als „das (besondere) Rad, das *cakra* genannt wird“, bzw. *dyan sakınç* mit „dieses (besondere) Nachdenken, das Dhyāna genannt wird“. Zu vermuten ist, daß dem wohl eher eine didaktische Absicht zugrunde liegt, als die Absicht des Übersetzers, mit seinen Sanskritkenntnissen anzugeben. (Das erinnert ein bißchen an eine der Methoden, mit der man in der Türkei nach 1932 Neologismen einführte. Damals verwendete man das herkömmliche, allen bekannte Wort in den Zeitungen in der Schlagzeile, im fortlaufenden Artikel dann den Neologismus usw. in einem Kontext, der die Synonymität des Neologismus mit dem herkömmlichen Wort deutlich werden ließ).

Hervorragende Sanskritkenntnisse gab es bei den Uiguren allerdings auch, wenn auch in einer etwas späteren Zeit, der Spätzeit der uigurisch-buddhistischen Kultur, wohl in Folge einer Art Renaissance der Sanskrit-Gelehrsamkeit während der Mongolenzeit. In türkischen Texten aus Dun-huang haben wir eine Fülle von Sanskritwörtern, die keinerlei lautliche Veränderungen aufweisen und somit nicht auf Mittlersprachen zurückgehen und die häufig auch dann stehen, wenn ein schon längst geprägter türkischer Terminus vorhanden war. Dabei werden Sanskrit-Komposita sogar häufig graphisch in ihre einzelnen Komponenten zerlegt und es kommen sogar Sandhi-Auflösungen vor, wie z. B. in *Avalokita-Iśvara* für sanskritisch *Avalokiteśvara*.

Möglich ist, daß hier eine besondere Kompetenz demonstriert werden soll. Die eben genannten Fakten lassen auch den Schluß zu, daß das Sanskrit etwas den Status einer heiligen Sprache bekam, die man mit besonderer Sorgfalt behandelte, wenn es auch wohl nie einen Status erlangte, der dem des Arabischen für die islamische Religiosität entsprach. Unzweifelhaft aber hat das Sanskrit immer ein höheres Ansehen gehabt als eine der anderen buddhistischen Sprachen. Selbst die zahlreichen aus dem Chinesischen übersetzten uigurisch-buddhistischen Texte enthalten viel mehr indische als chinesische Elemente.

Ein etwas anderes Bild bieten die aus dem Tibetischen übersetzten Texte, in denen zwar noch die Wörter indischen Ursprungs überwiegen, dennoch finden sich hier mehr Wörter tibetischen als chinesischen Ursprungs in Texten, die aus dem Chinesischen übersetzt wurden. Die tibetischen Wörter treten dabei nicht in Komposita auf, deren eine Komponente – eine uigurische – die Bedeutung verdeutlichen könnte und ebenso wenig werden tibetisch-buddhistische Termini übersetzt. Im Gegenteil, oft weist die uigurische Übersetzung keine konsequente Terminologie auf. So steht z. B. das uigurische *köngül* ohne spezifizierende Zusätze für sechs verschiedene tibetische Termini. So für *sems,* sanskritisch *citta/manas,* also „Geist“ oder „Bewußtsein“, für *bsam-pa* „Gedanke/Reflexion“, für *snang-ba* in der Bedeutung „Ansicht/Meinung“, also sanskritisch *darśana,* für *blo* „Verstand/intellektuelle Kapazität“, für *yid* „Geist“, besonders die Fakultäten der Wahrnehmung und Vorstellung, sowie für *thigs,* das dieselbe Bedeutung, nur im Verehrungsstil, ausdrückt. Überhaupt wird die lexikalische Differenzierung des Tibetischen zwischen Verehrungsstil und Gemeinstil in uigurischer Übersetzung nicht berücksichtigt. All diese scheinbaren Unzulänglichkeiten der uigurischen Übersetzungen lamaistischer Texte sind meines Erachtens lediglich Ausdruck der Eigentümlichkeit eben der lamaistischen Version des Buddhismus. Ist doch ein großer Teil der tibetisch-buddhistischen Literatur dem autodidaktischen Umgang mit Texten prinzipiell entzogen, da die eigentliche Information nur durch die Instruktion und Initiation des Lamas gegeben ist.

Anders stellt sich die Terminologie in den aus dem Chinesischen übersetzten Texten dar. Wie schon erwähnt, überwiegen auch hier bei weitem die Lehnwörter indischen Ursprungs. Dagegen ist die Zahl der Lehnübersetzungen sehr groß, vor allem in inhaltlich anspruchsvolleren Texten. Eine weitere philologische Besonderheit weisen dabei die in Dunhuang gefundenen Texte auf: in den uigurischen Text eingestreute chinesische Ideogramme, die uigurisch ausgesprochen wurden. Der Grund, warum diese Ideogramme nur in den Dun-huang-, nicht aber in den Turfan-Texten vorkommen, dürfte darin liegen, daß die uigurischen Buddhisten, d. h. die literaten Mönche und andere Gebildete des Turfan-Gebiets, nicht so sehr mit dem Chinesischen vertraut waren wie diejenigen von Dun-huang. Dafür spricht nicht nur die geographische Lage dieser Gebiete – Turfan liegt ganz an der Peripherie des chinesischen Siedlungsgebiets –, sondern auch das damit verbundene zahlenmäßige Verhältnis zwischen türkischer und chinesischer Bevölkerung. Während die Chinesen in Turfan immer in der Minderheit waren, war das Verhältnis in Dun-huang so, daß die türkische Bevölkerung dort wohl immer zweisprachig war.

Daß die chinesischen Ideogramme tatsächlich uigurisch gesprochen wurden, finden wir durch zwei Umstände bestätigt, erstens die strophische Alliteration und zweitens die meist verläßliche Orthographie der Suffigierung. Zunächst ein Beispiel für den ersten Umstand. Wenn wir eine strophische Alliteration haben, die durchgehend im

Anlaut auf B reimt und plötzlich am Anfang einer Zeile die chinesischen Zeichen *hua sheng* stehen, wird die strophische Alliteration gestört, wenn wir die Zeichen chinesisch lesen. Nun gibt aber chinesisch *hua sheng* den Sanskrit-Terminus *nirmāna-kāya* „Erscheinungskörper" wieder, dessen uigurische Übersetzung *bälgürtmä ät öz* wir aus anderen Texten kennen, so daß die Alliteration wiederhergestellt ist, wenn wir das chinesische Zeichen türkisch bzw. uigurisch lesen. Ein weiteres Indiz in dieser Beziehung ist die Anzahl der Silben.

Nun ein Beispiel für den zweiten Umstand: Auch das klassische Uigurisch war, wie alle türkischen Sprachen, eine vokalharmonisierende Sprache, deren Suffixvokale teilweise der Labialharmonie unterlagen. So hat das Genitivsuffix *-ning* nach rundem Vokal der ihm vorausgehenden Silbe immer ein *-u-* oder *-ü-*. Chinesisch *hsin* „Herz", das unter anderem Sanskrit *citta* „Geist" wiedergibt, wird im Uigurischen durch *köngül* in eben diesen Bedeutungen wiedergegeben. Wenn wir also das chinesische Ideogramm haben, dem sich in uigurischer Schrift ein Genitivsuffix -nüng anschließt, müssen wir wieder davon ausgehen, daß das chinesische Zeichen uigurisch ausgesprochen wurde, da andernfalls, auch bei der rekonstruierten älteren chinesischen Aussprache *siem,* das uigurische Suffix *-ning* lauten müßte. Die Beispiele hierfür sind zahlreich und ausnahmslos gültig.

Mit der nun folgenden Erörterung der Lehnübersetzungen aus dem Chinesischen kommen wir auf den schon erwähnten Yogācāra-Text, die ›Trimśikā Vijñaptimātratāsiddhi‹, zurück.

Den Schlüssel zur teilweisen Identifizierung dieses Textes gab – wie schon erwähnt – ein Śloka, der sich in der Übersetzung eng an die chinesische Vorlage anlehnt, wenn er auch keine Wort-für-Wort-Übersetzung ist.

Eine Gegenüberstellung zeigt sofort eindeutig, daß unser uigurischer Text aus dem Chinesischen übersetzt wurde. Der Prosatext des sich anschließenden Kommentars hält nicht so strikt eine chinesische Syntax ein, jedoch ist die normative Syntax der Turksprachen, die einem Turkologen von Anbeginn seiner türkischen Sprachstudien eingepaukt wird, z. B. die Grundstruktur Subjekt–Objekt–Prädikat–Ordnung, meist auch nicht vorhanden. Inwieweit hier eine Beeinflussung durch die Mittlersprachen vorliegt, vermögen wir noch nicht zu sagen. Jedenfalls finden wir diese invertierte Syntax stark vertreten in allen modernen türkischen Umgangssprachen und auch in der modernen Literatur der Türkei, die sich im Zuge der Abwendung von der klassischen osmanischen Literatur mehr und mehr der Umgangssprache näherte.

Aber wie verhält es sich mit den Termini technici? Wie schon bemerkt, ist unser Text besonders reich an Termini aus der Bewußtseinslehre des ›Yogācāra‹. Lassen sie Schlüsse zu hinsichtlich der Frage, ob den türkischen Buddhisten der Zeit, in der der Text übersetzt wurde, der Inhalt und damit die Termini schon bekannt waren, und ob sie sie in ihrer Sanskrit-Form kannten? Die Beantwortung dieser Frage würde uns eine zeitliche Einordnung der Übersetzung dieses Textes und der Entwicklung des buddhistisch-philosophischen Denkens im Rahmen des ›Yogācāra‹ Hsüan Tsangs unter den Uiguren erleichtern.

Wir können in unserem Text drei Arten von Lehnwörtern aus dem Chinesischen unterscheiden. Davon sind zwei ihrer Natur nach für unsere Fragestellung von vornherein nicht ergiebig. Erstens: Jene Lehnwörter, die ihrer Lautgestalt entsprechend übernommen wurden, in unserem Text Nomina propria und der Begriff *Ta-sheng,* also Mahāyāna, das auch in vielen anderen Texten in uigurischer Schrift auftaucht, oft zusammen mit dem Sanskrit-Terminus *mhayan* und manchmal auch gleich dreifach – z. B. im ›Goldglanzsutra‹ – mit der uigurischen Übersetzung *uluġ kölük.* Zweitens: Die Bedeutungsentlehnungen, wie sie z. B. in *köngül* = „Herz" vorliegt mit der Bedeutung „Geist" und vielen spezielleren Bedeutungen. Es scheint zunächst berechtigt, wenn wir mit größeren Erwartungen an komplexere Gebilde herangehen, die uns mehr morphologisches und damit auch semantisches Material an die Hand geben. Vor welchen Schwierigkeiten wir hier jedoch stehen, möchte ich nur an zwei Beispielen verdeutlichen.

Gegenstand unseres Śloka und des sich anschließenden Kommentars sind – wie oben gesagt – die *Nirvedhabhāgīya* oder, mit einem anderen Terminus, das Stadium des *Prayoga,* also die *Prayogāvasthā.* Diese beiden Begriffe werden auch in unserem Text genannt. Aber zunächst zum Sanskrit-Terminus. *Nirvedha* – eigentlich „Durchdringung", als Terminus vielleicht zu übersetzen mit: genaue „Durchschauung" – setzt sich zusammen aus dem Präfix *nis-nir* – je nach dem die Sandhi bestimmenden, folgenden Anlaut des Stammes – und dem Stamm *Vyadh* „eindringen, durchdringen". Niš- hat unter anderem eine intensivierende Funktion und das ist die hier vorliegende. Dieses deverbale Nomen *Nirvedha* wird ins Chinesische übersetzt mit *chüe tse.* Das zweite Glied dieses Kompositums hat die Bedeutung „wählen, auswählen", während *chüeh* mit einer seiner Bedeutungen, nämlich „entschieden, sicher mit Sicherheit", hier auch eine intensivierende Funktion wie das sanskritische *nir-* übernimmt. Sehen wir uns nun den uigurischen Terminus an, der heißt: *odġurak adırtlamak. Adırtlamak* heißt „trennen", und übertragen „unterscheiden". Es handelt sich um eine denominale Ableitung von *adırt* „Unterschied", welches seinerseits wiederum ein Nomen des Verbs *adır* = „trennen" ist. Die es adverbiell ergänzende erste Komponente ist ein deverbales Nomen, abgeleitet von *odġurmak* „wecken, anstacheln", das nicht terminologisch die Bedeutung trägt: „lebhaft, ganz und gar" und somit in diesem Kompositum ebenfalls den semantischen Gehalt des folgenden Verbums intensiviert. Weder die Wahl der ersten noch der zweiten Komponente erlauben uns einen eindeutigen Schluß, welcher der beiden Termini, ob der chinesische oder der indische dieser Lehnübersetzung zugrunde lag. Nur ein weiteres Beispiel hierfür soll uns genügen, denn das Schema ist immer dasselbe. Die zweite Bezeichnung für eben dieses meditative Stadium ist der Terminus *Prayogāvasthā,* das sich zusammensetzt aus *Prayoga* in der Bedeutung – nach Böthling – „das Ins-Werk-Setzen, Unternehmen, Unterfangen" und *Avastha* „Stadium, Situation, Position, Zustand". *Prayoga* seinerseits setzt sich zusammen aus dem Präfix *pra-* und einem Nomen von der Wurzel *Vyuj* „anjochen, einspannen, unternehmen"; das Chinesische *chia hsing* ist wie *Prayoga* zusammengesetzt aus zwei Komponenten „hinzufügen", das für *pra-* steht und „gehen, machen, ausführen" für *Vyuj* bzw. hier Yoga. Die dritte Komponente wei hat eine ähnliche Bedeutung wie *Avasthā:* „Stadium, Position, Situation". Die uigurische Übersetzung *tavranmak tuş* setzt sich aus zwei Komponenten zusammen. Dem nominalen Infinitiv *tavranmak,* das ursprünglich „sich beeilen, schnell sein", später auch „sich bemühen, tüchtig sein" bedeutet, sowie *Tuş,* das für Sanskrit *Avastha,* Chinesisch *hsing* steht und in seiner sonstigen, nichtterminologischen Bedeutung nur eine zeitliche Implikation hat. Zwar liegt bei letzterer Bedeutungsübersetzung keine Glied-für-Glied-Übertragung wie bei *Nirvedhabhāgīya* vor, es ist jedoch ebenso schwierig oder unmöglich zu entscheiden, welche Sprache dieser Bildung zugrunde lag.

Zum Schluß der Ausführungen seien mir noch zwei Bemerkungen erlaubt:

Unsere Kenntnis der buddhistischen Kultur der Uiguren und der früheren Türk muß als noch sehr lückenhaft bezeichnet werden. Das betrifft nicht nur die Sprache – auch die ist noch längst nicht zur Genüge erforscht –, sondern insbesondere die Geschichte des Buddhismus, die uns nur ganz wenige Datierungen erlaubt und bisher kaum einen Einblick in die verschiedenen Strömungen und Kontakte erlaubt.

Die zweite Bemerkung hängt hiermit zusammen; sie kommt einer Forderung gleich: Wie nur in wenigen anderen geisteswissenschaftlichen Disziplinen wird bei der Erforschung Zentralasiens die Notwendigkeit deutlich, interdisziplinär und international zusammenzuarbeiten. Wir sollten es uns nicht mehr leisten, wie bisher, so oft, ganze Bereiche oder auch nur einzelne Texte als unsere Pfründen zu betrachten, die wir eifersüchtig verteidigen und vor dem Zugriff der Kollegen abschirmen. Gemeinsam arbeiten bringt mehr.

*Lesevorschläge:*
Es gibt bis jetzt keine Monographie, die die uigurische Literatur in ihrer Gesamtheit zum Gegenstand hat. Der Artikel von Gabains (PTF) gibt zwar nach wie vor eine erste Einführung, ist aber insgesamt überholt. Einen Überblick über die größeren buddhistischen Texte gibt Scharlipp in einem Artikel. Die zwei Bücher von Zieme (1991) und Laut (1985) behandeln zwar spezielle Themen der alttürkischen Literatur, berühren dabei aber viele Punkte von allgemeinem Interesse. Während Ziemes Arbeit – wie der Titel sagt – sich mit der Stabreimdichtung beschäftigt, ist der Gegenstand von Lauts Buch insbesondere das buddhistische Werk ›Maitrisimit‹. Im Rahmen ihrer Bearbeitung werden Fragen der türkischen Lautgeschichte und der Chronologie von Texten diskutiert. Der etwas allgemein gehaltene Titel täuscht, indem diese hochspezialisierte Studie sich an den Fachmann wendet, d. h. im weiteren Sinne an Turkologen, Zentralasien- und Buddhismuskundler.

Das Buch von Arat (1965) enthält alttürkische Dichtungen in Transkription mit türkischer Übersetzung und Anmerkungen. Zahlreiche weitere Informationen sind den Vorworten und Kommentaren von Texteditionen zu entnehmen.

Während der Drucklegung dieses Buches erschien die neue, sehr empfehlenswerte Arbeit von P. Zieme ›Religion und Gesellschaft im Uigurischen Königreich von Qočo‹. Aus der Auswertung von Kolophonen buddhistischer Texte ergeben sich interessante Einblicke in die Beschaffenheit der Gesellschaft Qočos.

# DIE WICHTIGSTEN DATEN DER ALTTÜRKISCHEN GESCHICHTE

| | |
|---|---|
| 552 | Gründung des ersten unabhängigen türkischen Reiches durch Bumın Kagan. |
| 567 | Gesandtschaft der West-Türken an den Hof Justinians in Byzanz. |
| 568 | Byzantinische Gesandtschaft zu den West-Türken im Tienshan. |
| 584 | Der west-türkische Herrscher Tardu sagt sich von der ost-türkischen Oberherrschaft los. |
| 630 | Ost-Türkisches Reich unterwirft sich China. |
| 647 | Uigurisches Siedlungsgebiet wird chinesisches Generalgouvernement. |
| 657 | Das west-türkische Reich wird von den Chinesen in zwei Protektorate aufgeteilt. |
| 659 | Das west-türkische Reich wird von China einverleibt. |
| 670 | Tibeter erobern die sogenannten „Vier Garnisonen“ der Chinesen: Kaschgar, Chotan, Kutscha und Karaschahr. |
| 682 | Türken werden unter der Führung Kutluġs wieder selbständig. |
| 691/2 | Tod des Eltäriş Kaġan, Gründer des zweiten Reiches. |
| 693–716 | Regierungszeit Kapaġans; Zeit der größten Machtfülle alttürkischer Reiche. |
| 699 | Der ost-türkische Herrscher Kapaġan bringt die west-türkischen Stämme unter seine Gewalt. |
| ca. 720 | Errichtung der Grabstele für Tonjukuk. |
| 720 | 5 Kriegszüge gegen die Oġuz, die die Macht der Türk abschütteln wollen. |
| 732 | Errichtung der Grabstele für Köl Tegin. |
| 735 | Errichtung der Grabstele für Bilgä Kaġan. |
| 742 | Ablösung der Türk durch die Uigur mit Unterstützung der Basmıl und der Karluk. |
| 751 | Schlacht zwischen Araber und Chinesen am Talas; Araber siegen mit der Unterstützung der türkischen Karluk. |
| 755–63 | Aufstand des An-Lu-shan und seiner Nachfolger in China. |
| 757 | Uiguren erobern die chinesische Hauptstadt Lo-yang zum erstenmal. |

| | |
|---|---|
| 762/3 | Zweite Eroberung Lo-yangs durch die Uiguren. Übertritt des uigurischen Kaġans zum Manichäismus. |
| 768 | Bau der ersten uigurischen Stadt: Baybalık. |
| 780 | Bögu Kaġan ermordet. |
| 800 | Uiguren erobern Chotscho, Karaschahr und Kutscha. |
| 840 | Uiguren fliehen vor den Kirgisen aus ihrem Stammland. |
| 848 | Aufstand in Sha-chou gegen die tibetischen Besatzer. |
| 880 | Etablierung des uigurischen Königreiches von Kan-chou. |
| 1209 | Das uigurische Königreich von Kao-chang/Qočo/Chotscho unterstellt sich den Mongolen unter Dschingis Chan. |

## LITERATURVERZEICHNIS


Aalto, P.: The Name and the Emblem of the Türk Dynasty, in: Altaica Osloensia. Proceedings from the 32nd Meeting of the Permanent International Altaistic Conference, Oslo 1991, 1–8.

Abe, T.: Where was the Capital of the West Uighurs?, in: Silver Jubilee Volume Zinbun-Kagaku-Kenkusho, Kyoto University, Kyoto 1954, 435–450.

Adamovic, M.: Die alten Oghusen, MT 7/8, 1981/82; 1983, 26–50.

Arat, R. R.: Eski Türk hukuk vesikaları, in: Türk Kültürü Araştırmaları I, 1964, 5–53.

Asmussen, J. P.: Die Iranier in Zentralasien. Kultur- und Religionshistorische Bemerkungen, AOHavn 27, 1963, 119–127.

–: Xuastvanift. Studies in Manchaism, Kopenhagen 1965.

Back, D. M.: Eine buddhistische Jenseitsreise. Das sogenannte „Totenbuch der Tibeter" aus philologischer Sicht, Wiesbaden 1979.

Barfield, T. J.: The Hsiung-nu Imperial Confederacy: Organization and Foreign Policy, Journal of Asian Studies 41, S. 45–61.

Barthold, W.: Zwölf Vorlesungen über die Geschichte der Türken Mittelasiens, Berlin 1935.

Batmanov, I. A.: Jazyk jenisejskich pamjatnikov drevnjetjurkskoj pis'mennosti, Frunse 1959.

Bazin, L.: Kül Tegin ou Köl Tegin?, in: Scholia. Beiträge zur Turkologie und Zentralasienkunde. Annemarie von Gabain zum 80. Geburtstag am 4. Juli 1981, 1–7.

–: La litterature épigraphique turque ancienne, PTF II, 192–211.

–: Les Systemes chronologiques dans le monde turc ancien, Budapest u. Paris 1991.

–: Turcs et Sogdiens, in: Mélanges linguistiques offerts à E. Benveniste, Löwen 1975, 37–45.

–: Eine Inschrift vom Oberen Jenissei als Quelle zur Geschichte Zentralasiens, MT 2, 1976, I–II.

–: Les calendriers turcs anciens et médiévaux, Lille 1974.

–: Manichéisme et Syncrétisme chez les Ouïgours, in: Turcica XXI–XXIII, 1991, 23–38.

Beckwith, Ch.: The Tibetan Empire in the West, in: Tibetan Studies in Honor of Hugh Richardson, Oxford 1979, 30–38.

Bombaci, A.: On the Ancient Turkish Title Šad, in: Gururajamanjarika. Studi in Onore di Giuseppe Tucci, Neapel 1979, 169–193.

–: On the Ancient Turkish Title Šadapit, UAJb 48, 1976, 32–41.

Bombaci, A.: On the Ancient Turkish Title Eltebär, in: Proceedings of the IXth Meeting of the Permanent International Altaistic Conference, Neapel 1970, 1–60.
–: Qutluġ bolsun! A Contribution to the History of the Concept "Fortune among the Turks", UAJb 36, 1964, 284–291; 38, 13–14.
Brands, H. W., u. Röhrborn, Hrsg.: Scholia. Beiträge zur Turkologie und Zentralasienkunde. A. von Gabain zum 80. Geburtstag, Wiesbaden 1981.
Brentjes, B.: Die Ahnen Dschingis-Chans, Berlin 1988.

Chavannes, E.: Documents sur les Tou-kiue (Turcs) Occidentaux, St. Petersburg 1903 (Nachdruck Paris 1941).
Clark, L V.: Introduction to the Uyghur Civil Documents of East Turkestan (13th–14th cc.), Ann Arbor 1980.
Clauson, Sir G.: A Late Uygur Family Archive. In: Iran and Islam, Edinburg 1971, 167–169.
–: Notes on the "Irk Bitig", UAJb 33, 1961, 218–225.
–: The Diffusion of Writing in the Altaic World, in: D. Sinor, Hrsg.: Aspects of Altaic Civilisation, Indiana 1963, 139–144.
–: The Name Uygur, JRAS 3/4, 1963, 140–149.
–: The Ongin Inscription, JRAS 1957, 177–192.
–: Turks and Wolves, Studia Orientalia XXVIII, 1964, 1–22.
–: An Etymological Dictionary of Pre-Thirteenth Century Turkish, Oxford 1972.
–: The Concept of Strength in Turkish, in: J. Eckmann, Hrsg.: Németh Armaġanı, 1962, 139–144.
–: Turkish and Mongolian Studies, London 1962.
Csongor, B.: Chinese in the Uighur script of the T'ang-Period, AOH II, 1952, 73–119.
Czeglédy, K.: On the Numeral Composition of the Ancient Turkish Tribal Confederation, AOH XXV, 1972, 275–281.
–: Bemerkungen zur Geschichte der Khazaren, AOH XIII, 1961, 243–251.

Doerfer, G.: Das Vorosmanische. (Die Entwicklung der oghusischen Sprachen von den Orchoninschriften bis zu Sultan Veled), TDAY 1975/76, 81–131.
–: Türkische und mongolische Elemente im Neupersischen, 4 Bde., Wiesbaden 1964–1975.
Drevnetjurkskij Slovar', Leningrad 1969.
Dunlop, D. M.: The History of the Jewish Khazars, Princeton 1954.

Eberhard, W.: China und seine westlichen Nachbarn. Beiträge zur mittelalterlichen und neueren Geschichte Zentralasiens, Darmstadt 1978.
–: Chinas Geschichte, Bern 1948. (Bibliotheca Sinica, Bd. 1)
Ecsedy, H.: Trade-and-War Relations between the Turcs and China in the Second Half of the 6th Century, AOH XXI, 1968, 131–180.
–: Uigurs and Tibetans in Pei-t'ing (790–791 A. D.), AOH XVII, 1964, 83–104.

Ehlers, G.: Alttürkische Handschriften, Teil 2. Das Goldglanzsutra und der buddhistische Legendenzyklus Daśakarmapathāvadānamālā, Wiesbaden 1986.

Emmerick, R. E.: Buddhism in Central Asia, ER 2, 1987, 400–404.

–: The Iranian Settlements to the East of the Pamirs, in: The Cambridge History of Iran 3.1, 1983, 263–275.

Erdal, M.: The Chronological Classification of Old Turkish Texts, CAJ 23, 1979, 151–175.

Franke, O.: Geschichte des chinesischen Reiches, 5 Bde., Berlin 1930 bis 1952.

Franz, H. G., Hrsg.: Kunst und Kultur entlang der Seidenstraße, Graz 1986.

Gabain, A. von: Inhalt und magische Bedeutung der alttürkischen Inschriften, Anthropos 48, 1953, 537–556.

–: Alttürkische Schreibkultur und Druckerei, PTF II, 1964, 171–191.

–: Das Staatsbewußtsein im uigurischen Königreich von Qočo, 840–1400, Turcica et Orientalia. Studies in honour of Gunnar Jarring on his eightieth birthday 12 October 1987. Stockholm 1988.

–: Die Frühgeschichte der Uiguren, 607–745, Nachrichten der Gesellschaft für Natur- und Völkerkunde Ostasiens 72, 1952, 18–32.

–: Frühe Zeugen der Scherengitterjurte, in: Studia Turcica, Budapest 1971, 169–173. (Bibliotheca Orientalis Hungarica, Bd. 17).

–: Steppe und Stadt im Leben der ältesten Türken, Der Islam 29, 1949, 30–62.

–: Über Ortsbezeichnungen im Alttürkischen, St Or 47, Helsinki 1977, 57–70.

–: Vom Sinn symbolischer Farbbezeichnungen, AOH XV, 1962, III–7.

–: Von Ötükän nach Idiqut-Šähri. Studie zur Akkulturation der Alt-Türken, AOH XXXVI, 1982, 183–196.

–: Das uigurische Königreich von Chotscho 850–1250, Berlin 1961.

–: Die Formensprache der uigurischen Malerei, Wiesbaden 1987.

Gandjei, T.: Überblick über den vor- und frühislamischen türkischen Versbau, Der Islam 33, 1958, 142–156.

Geng Shimin u. J. R. Hamilton: L'inscription ouigoure de la stèle commémorative des Iduq qut de Qočo, Turcica 13, 1981, 10–54.

Giraud, R.: L'empire des Turcs Célestes. Les règnes d'Elterich, Qapaghan et Bilgä (680–739), Paris 1960.

Golden, P. B.: Cumanica I: The Qipčaqs in Georgia, Archivum Eurasiae Medii Aevi IV, 1984, 45–87.

–: Imperial Ideology and the Sources of Political Unity amongst the Pre-čing-gisid Nomads of Western Eurasia, Archivum Eurasiae Medii Aevi II, 1982, 37–76.

– The migrations of the Oğuz, Archivum Ottomanicum 4, 1972, 45–84.

– Khazar Studies. An historico-philological inquiry into the origins of the Khazars, Budapest 1980.

Golzio, K.-H.: Kings, khans and other rulers of early central Asia, Köln 1984.

Grousset, R.: L'empire des steppes, Paris 1952.

Grünwedel, A.: Altbuddhistische Kultstätten in Chinesisch-Turkestan. Bericht über archäologische Arbeiten von 1906–1907 bei Kutscha, Qara-šahr und in der Oase Turfan, Berlin 1912.

–: Alt-Kutscha, Berlin 1920.

–: Bericht über archäologische Arbeiten in Idikutschari und Umgebung, München 1906.

Hambly, G.: Zentralasien, Frankfurt a. M. 1966.

Hamilton, J. R.: Le colophon de l'Irq Bitig, Turcica 7, 1975, 7–19.

–: Toquz-Oguz et On-Ouygur, JA 250, 1962, 23–63.

–: Le conte bouddhique du bon et du mauvais prince en version ouıgoure, Paris 1971.

–: Les Ouighours à l'époque des Cinq Dynasties d'après le documents chinois, Paris 1955.

–: Les titres šäli et tutung en ouigour, JA 272, 1984, 425–37.

–: Manuscrits ouigours du IXe–Xe siècle de Touen-Houang, Paris 1986.

Hamilton, J. R. *siehe auch* Geng Shimin.

Hansen, O.: Zur soghdischen Inschrift auf dem dreisprachigen Denkmal von Karabalgasun, JSFOu 44, 3, 1930, 1–33.

Han-Woo Choi: The Names of Türk and T'ou-kiue, in: Altaica Osloensia. Proceedings from the 32nd Meeting of the Permanent International Altaistic Conference, Oslo 1991, 65–74.

Harmatta, J., Hrsg.: Studies in the Sources on the History of Pre-Islamic Central Asia, Budapest 1979.

Haussig, H. W.: Die Quellen über die zentralasiatische Herkunft der europäischen Awaren. CAJ 2, 1956, 21–43.

–: Die Geschichte Zentralasiens und der Seidenstraße in vorislamischer Zeit, Darmstadt 1983.

–: Der historische Hintergrund der Runenfunde in Osteuropa und Zentralasien, in: K. Röhrborn u. W. Veenker, Hrsg.: Runen, Tamgas und Graffiti aus Asien und Osteuropa, Wiesbaden 1985, 81–132.

Hazai, G.: Ein buddhistisches Gedicht aus der Berliner Turfan-Sammlung, AOH 23, 1970, 1–21.

–: Sur un passage de l'inscription de Tonyuquq, Turcica 2, 1970, 25–31.

Hazai, G., u. P. Zieme: Fragmente der uigurischen Version des „Jin'-gangjing mit den Gāthās des Meisters Fu" nebst einem Anhang von T. Inokuchi, Berlin 1971.

Heissig, W., u. H. J. Klimkeit, Hrsg.: Synkretismus in den Religionen Zentralasiens, Wiesbaden 1987.

Henning, W. B.: The Date of the Sogdian Ancient Letters, BSOAS 12, 1947/48, 601–615.

Herrfahrdt, H.: Das Formular der uigurischen Schuldurkunden, Zeitschrift für vergleichende Rechtswissenschaft 48, 1934, 93–103.

Hinüber, O. von: Buddhistische Kultur in Zentralasien und Afghanistan, in:

H. Bechert u. R. Gombrich, Hrsg.: Die Welt des Buddhismus, München 1984, 89–107.
Hopkirk, P.: Foreign Devils on the Silk Road, London 1980.
Hovdhangen, E.: The Relationship between the two Orkhon Inscriptions, Acta Orientalia 36, 1974, 55–82.

Iwamura, S.: Nomad and Farmer in Central Asia, Acta Asiatica, Bd. 1, Vol. 3, 1962, 44–56.
Izgi, Ö.: Uygurların siyasi ve kültürel tarihi (hukuk vesikalarına göre), Ankara 1987.

Jettmar, K.: Die frühen Steppenvölker. Der eurasiatische Tierstil. Entstehung und sozialer Hintergrund, Baden-Baden 1964.
Jisl, L.: Vorbericht über die archäologische Erforschung des Kül-Tegin-Denkmals durch die tschechoslowakisch-mongolische Expedition des Jahres 1958, UAJb 32, 1960, 65–77.
–: Wie sahen die alten Türken aus?, UAJb 40, 1968, 181–199.
Johanson, Lars: Grenzen der Turcia: Verbindendes und Trennendes in der Entwicklung der Türkvölker, Turcica Orientalis. Studies in honour of Gunnar Jarring on his eightieth birthday 12 October 1987, Stockholm 1988.
–: Die Ersetzung der türkischen t-Kausativa, Orientalia Suecana 25–26, 1976/77, 106–133.
–: Grenzen der Turcica: Verbindendes und Trennendes in der Entwicklung der Türkvölker, in: Ulla Ehrensvärd, Hrsg.: Turcica et Orientalia. Studies in Honour of Gunnar Jarring on his eightieth Birthday 12. October 1987, Stockholm 1988, 51–62.
–: Zur Syntax der alttürkischen Kausativa, ZDMG 1974 Suppl., 529–540.
–: Alttürkisch als „dissimilierende Sprache", Wiesbaden 1979.

Kara, G.: Sino-uigurische Worterklärungen, in: K. Röhrborn u. W. Veenker, Hrsg.: Sprachen des Buddhismus in Zentralasien, Wiesbaden 1983, 44–52.
Klaproth, J.: Abhandlung über die Sprache und Schrift der Uiguren. Nebst einem Wörterverzeichnisse und anderen uigurischen Sprachproben, aus dem kaiserlichen Übersetzungshofe zu Peking, Paris 1820 (Nachdruck Hamburg 1985).
Klimkeit, H.-J.: Die Begegnung von Christentum, Gnosis und Buddhismus an der Seidenstraße, Opladen 1986.
–: Buddhism in Turkish Central Asia, Numen 37, 1990, 53–69.
–: Hymnen und Gebete der Religion des Lichts. Iranische und türkische liturgische Texte der Manichäer Zentralasiens, Opladen 1989.
Kljaštornyj, S. G.: Sur les colonies sogdiennes de la Haute Asie, UAJb 33, 1961, 95–97.
–: Die Steinplatten vom Golden See (zur Datierung der Runen-Denkmäler vom Jenissej), MT 5, 1979, 1–14.
–: Einige Probleme der Geschichte der alttürkischen Kultur Zentralasiens, AOF 2, 1975, 112–128.

Kljaštornyj, S. G.: The Terkhin Inscription, AOH XXXVI, 1982, 335–366.

–: The Tes Inscription of the Uighur Bögü Qaghan, AOH XXXIV, 1980, 137 bis 156.

–: Drevnetjurskie runičeskie pamjatniki kak istočnik po istorii Srednei Azii, Moskau 1964.

Kljaštornyj, S. G., u. V. A. Livsic: Une inscription inédite turque et sogdienne: la stèle de Sevrey (Gobi méridional), JA 259, 1971, 11–20.

–: The Sogdian Inscription of Bugut Revised, AOH XXVI, 1972, 69–102.

Köprülü, M. F.: Influence du chamanisme turco-mongol sur les ordres mystiques musulmans, Mémoires de l'institut de turcologie de l'Université de Stamboul, Istanbul 1920.

Kurat, a. N.: Peçeneklere dair araştırmalar, in: Türkiyat Mecmuası 5, 1935, 101–140.

Laut, J. P.: Bemerkungen zur spätuigurischen Handschrift Mainz 713 (T II Y 58), ZDMG 133,2, 1983, 263–272.

–: Ein Bruchstück einer alttürkischen Buddhabiographie, UAJb NF 3, 1983, 88–101.

–: Der frühe türkische Buddhismus und seine literarischen Denkmäler, Wiesbaden 1986.

–: Die Gründung des buddhistischen Nonnenordens in der alttürkischen Überlieferung, in: I. Baldauf u. a., Hrsg.: Türkische Sprachen und Literaturen. Materialien der ersten deutschen Turkologenkonferenz. Bamberg 3.–6. Juli 1987, Wiesbaden 1991, 257–274.

Laut, J. P., u. K. Röhrborn, Hrsg.: Der türkische Buddhismus in der japanischen Forschung, Wiesbaden 1988.

–: Buddhistische Erzählliteratur und Hagiographie in türkischer Überlieferung, Wiesbaden 1990.

Lecoq, A. von: Kurze Einführung in die uigurische Schriftkunde. MSOS 22, Abt. 2, 1919, 93–109.

–: Auf Hellas Spuren in Ostturkestan. Berichte und Abenteuer der 2. und 3. deutschen Turfan-Expeditionen, Leipzig 1926 (Nachdruck Graz 1974).

Lecoq, A. von, u. E. Waldschmidt: Die buddhistische Spätantike in Mittelasien, 1–7, Berlin 1922–1933 (Neudruck Graz 1973–1975).

Ligeti, L.: A propos d'un document ouigour de l'époque mongole, AOH XXVII, 1973, 1–18.

Liu, Mau Tsai: Die chinesischen Nachrichten zur Geschichte der Osttürken (T'u-küe), 2 Bde., Wiesbaden 1969.

Ludwig, D.: Struktur und Gesellschaft des Chazaren-Reiches im Licht der schriftlichen Quellen, Münster 1982.

Mackerras, C.: Sino-Uighur Diplomatic and Trade Contacts (744 to 840), CAJ 13, 1969, 215–240.

–: The Uighur Empire according to the T'ang dynastic Histories. A Study in Sino-Uighur Relations 744–840, Canberra 1972.

Malov, S. E.: Pamjatniki drevnetjurkskoj pis'mennosti. Teksty i isledovanija, Moskau. Leningrad 1959.

Marquart, J.: Ǧuwainīs Bericht über die Bekehrung der Uiguren, SPAW XXV, 1912.

Maue, D., u. K. Röhrborn: Ein „buddhistischer Katechismus“ in alttürkischer Sprache und tibetischer Schrift, Teil 1 in: ZDMG 134, 1984, 286–313; Teil 2 in: ZDMG 135, 1985, 68–91.

Menges, K. H.: Etymological Notes on some Päčänäg Names, Byzantion 17, 1944–1945, 256–280.

Meserve, Ruth I.: Inner Asian Religions, ER 7, 1987, 238a–247b.

Minorsky, V.: Hudud al- Alam. “The Regions of the World.” A Persian Geography (A.H. 372–AD. 982). Translated and Explained, London 1937.

Moravcsik, G.: Byzantinoturcica, 2 Bde., Berlin 1958.

Mori, M.: A Study on Uigur Documents of Loans for Consumption, Memoirs of the Research Department of the Tokyo Bunko 20, 1961, 111–148.

Müller, F. W. K.: Der Hofstaat eines Uiguren-Königs, in: Festschrift für V. Thomsen, Leipzig 1912, 207–213.

–: Ein uigurisch-lamaistisches Zauberritual aus den Turfanfunden, SPAW 1928, 381–386 (Nachdruck in SEDTF III, 497–502).

–: Zwei Pfahlinschriften aus den Turfanfunden. 1. Die uigurische Inschrift auf dem Pfahle I B 4 6 72. 2. Die chinesische Pfahlinschrift, Berlin 1915. (AKPAW. Phil.-hist. Kl. 1915. 3); (Nachdruck in SEDTF III).

Nasilov, V. M.: Drevneujgurskij jazyk, Moskau 1963.

–: Jazyk orchono-enisejskich pamjatnikov, Moskau 1960.

Németh, J.: Noms ethniques turcs d'origine totémistique, in: Studia Turcica, Budapest 1971, 349–359.

Oda, J.: Uighuristan, Acta Asiatica 34, 1978, 22–45.

Ögel, B.: Islamiyetten önce Türk kültür tarihi, Ankara 1962.

Öhrig, B.: Bestattungsriten alttürkischer Aristokratie im Lichte der Inschriften, München 1988.

Okada, H.: History of Inner Asia, Tokio 1973.

Orkun, H. N.: Eski Türk yazıtları 1–4, Istanbul 1936–1941 (Nachdruck Ankara 1986).

Pelliot: L'origine de T'ou-kieu, nom chinois des Turcs, in: T'oung Pao 16, 1915, 687–689.

Pinks, E.: Die Uiguren von Kau-chou in der frühen Sung-Zeit (960–1028), Wiesbaden 1968. (Asiatische Forschungen Bd. 24.)

Pulleyblank, E. G.: A Sogdian Colonie in Inner Mongolia, TP 41, 1951, 317–356.

–: Some Remarks on the Toquzoghuz Problem, UAJb 28, 1956, 35–42.

Radloff, W.: Die vorislamischen Schriftarten der Türken und ihr Verhältnis zur Sprache derselben, Bulletin de l'Académie Impériale des Sciences de St.-Petersbourg 1908, 835–856.

Radloff, W.: Die alttürkischen Inschriften in der Mongolei I–III, St. Petersburg 1894–1895; N.F. 1897; Zweite Folge 1899.

Ramstedt, G. J.: Zwei uigurische Runeninschriften in der Nord-Mongolei, JSFOu 30, 1913–1918, 1–63.

Rásonyi, L.: The Psychology and Categories of Name Giving among the Turkish Peoples, in: Hungaro-Turcica. Studies in Honour of Julius Németh, Budapest 1976, 207–223.

Röhrborn, K.: Śūnyavāda und Vijñānavāda. Zentralasiatische Resonanzen eines Schulstreits, UAJb NF 5, 1985, 123–145.

–: Syntaktisches Verhalten der indischen Fremdwörter im Alttürkischen, SBZ 1983, 105–112.

–: Zu einem dialekt-differenzierenden Lautübergang im Alttürkischen, MT 7/8, 1981/82, 295–305.

–: Zum Wanderweg des altindischen Lehnguts im Alttürkischen, in: H. R. Roemer u. A. Noth, Hrsg.: Studien zur Geschichte und Kultur des Vorderen Orients, Leiden 1981, 337–343.

–: Uigurisches Wörterbuch. Sprachmaterial der vorislamischen türkischen Texte aus Zentralasien, Bde. 1–4, Wiesbaden 1977–1988.

Röhrborn, K., u. W. Veenker, Hrsg.: Sprachen des Buddhismus in Zentralasien, Wiesbaden 1983.

Róna-Tas, A.: Materialien zur alten Religion der Türken. In: W. Heissig u. H.-J. Klimkeit, Hrsg.: Syncretismus in den Religionen Zentralasiens, Wiesbaden 1983, 33–45.

–: On the Development and Origin of the East Turkic “Runic” Script, AOH XLI, 1987, 7–14.

Roux, J. P.: La religion des Turcs de l’Orkhon des VIIe et VIIIe siècles, Revue de l’histoire des religions CLXI, 1962, 1–24 u. 199–231.

–: Tängri, essai sur le Ciel-Dieu des peuples altaıques, Revue de l’histoire des religions CXLIX, 1956, 49–82 u. 197–230; CL, 1956, 27–54 u. 173 bis 212.

–: La mort chez les peuples altaiques anciens et mediéveaux d’après les documents écrits, Paris 1963.

–: La religion des Turcs et des Mongols, Paris 1984.

Samolin, W.: Hsiung-nu, Hun, Türk, CAJ 3, 1957/58, 143–150.

–: East Turkestan to the Twelfth Century, Den Haag 1964.

Sander, L.: Buddhist Literature in Central Asia, EB 4, 1, 52b–75b.

Ščerbak, A. M.: De l’alphabet ouigour, AOH XXXVI, 1982, 469–474.

–: Les inscriptions inconnues sur pierres de Khoumara (au Caucase du Nord) et le problème de l’alphabet runique des Turcs Occidentaux, AOH XV, 1980, 283–290.

Scharlipp, W.: Kurzer Überblick über die buddhistische Literatur der Türken, MT 6, 1980, 37–53.

Schlegel, G.: Die chinesische Inschrift auf dem uigurischen Denkmal in Kara Balgasun. MSFOu 9, Helsingfors 1896.

Serebrennikov, B. A.: Zur Geschichte der Bildung des Perfekts in den türkischen Sprachen, AOH XII, 1962, 163–168.

Sertkaya, O. F.: Some new Documents written in the Uighur Script in Anatolia, CAJ XVIII, 1974, 180–193.

–: Some Problems of Köktürk History, Turcica 11, 1979, 180–186.

–: Uygur harfleriyle yazılmış bazı mensur parçalar I, in: Türkiyat Mecmuası XVIII, 245–280.

–: Fragmente in alttürkischer Runenschrift aus den Turfan-Funden, in: K. Röhrborn u. W. Veenker, Hrsg.: Runen, Tamgas und Graffiti aus Asien und Osteuropa, Wiesbaden 1985, 133–164.

Sinor, D., Hrsg.: Aspects of Altaic Civilisation, Bloomington 1963.

Sinor, D.: Horse and Pasture in Inner Asian History, Oriens Extremus 19, 1972, 171–183.

–: Inner Asia. History – Civilisation – Language. A syllabus, Bloomington 1969.

–: Some Components of the Civilisation of the Türks (6th to 8th Century), in: G. Jarring u. S. Rosén, Hrsg.: Altaistic Studies. Papers presented at the 25th Meeting of the Permanent International Altaic Conference at Uppsala. June 7–11, 1982, 223–245.

–: The legendary Origin of the Türks, in: E. V. Zygas u. P. Voorheis, Hrsg.: Folklorica. Festschrift für Felix J. Oinas, Indiana 1982, 223–257.

–: Introduction à l'étude de l'Eurasie Centrale, Wiesbaden 1963.

Stebljeva, I. W.: Poezija Tjurkov VI–VIII vekov, Moskau 1965.

Tekin, T.: A Grammar of Orkhon Turkic, Den Hag 1968.

–: Orhon Yazıtları, Ankara 1988.

–: Volga bulgar kitabeleri ve volga bulgarları, Ankara 1988.

Tezcan, S., u. P. Zieme: Antiislamische Polemik in einem alttürkischen buddhistischen Gedicht aus Turfan, AOF 17, 1990, 146–151.

–: Türklerde yazı kültürünün başlangıcı ve gelişimi, in: Harf Devriminin 50. Yılı Sempozyumu, Ankara 1981, 39–43.

Thomas, F. W.: Tibetan Literary Texts and Documents concerning Chinese Turkestan, London 1935.

Tichonov, D. I.: Chozjajstvo i obščestvennyj stroj ujgurskogo gosudarstva X–XIV vv., Moskau u. Leningrad 1966.

Tryjarski, E.: Die alttürkischen Runeninschriften in den Arbeiten der letzten Jahre. Befunde und kritische Übersicht, AOF VIII, 1981, 339–352.

Winter, W.: Tocharians and Turks, in: D. Sinor, Hrsg.: Aspects of Altaic Civilisation, Bloomington 1963, 239–251.

Wittfogel, K. A., u. Feng: History of Chinese Society: Liao, Philadelphia 1949.

Yamada, N.: Four Notes on several Names for Weights and Measures in Uighur Documents, in: Studia Turcica, Budapest 1971, 491–498.

–: Uigur Documents of Sale and Loan Contracts brought by the Otani Expeditions, Memoirs of the Research Department of the Tokyo Bunko Nr. 23, Tokio 1964, 71–118.

Zajaczkowski, A.: Khazarian Culture and its Inheritors, AOH XII, 1961, 299–307.

Zieme, P.: Die Erforschung der Turfantexte und die internationale Kooperation, in: Bulletin de l'Union internationale des Etudes orientales et asiatiques, Paris 1982.

–: Die Stabreimtexte der Uiguren von Turfan und Dunhuang. Studien zur alttürkischen Dichtung, Budapest 1991.

–: Die Uiguren und ihre Beziehung zu China, CAJ 17, 1973, 282–293.

–: Drei neue uigurische Sklavendokumente, AOF V, 1977, 145–170. Mit 10 Tafeln.

–: Ein Hochzeitssegen uigurischer Christen, in: Scholia. Beiträge zur Turkologie und Zentralasienkunde. Festschrift A. von Gabain, Wiesbaden 1981, 221–232.

–: Ein uigurischer Landverkaufsvertrag aus Murtuq, AOF I, 1974, 295–308.

–: Ein uigurischer Leihkontrakt über Weizen, AOF VII, 1980, 273–275. Mit 1 Tafel.

–: Ein uigurisches Sündenbekenntnis, AOH 22, 1969, 107–121.

–: Titulaturen und Elogen uigurischer Könige, in: K. Sagaster, Hrsg.: Religions and Lay Symbolism in the Altaic World and other Papers, Wiesbaden 1989, 443–450.

–: Uigurische Pachtdokumente, AOF VII, 1980, 197–245. Mit 12 Tafeln.

–: Uigurische Steuerbefreiungsurkunden für buddhistische Klöster, AOF VIII, 1981, 237–263. Mit 22 Tafeln.

–: Zum Handel im uigurischen Königreich von Qočo, AOF IV, 1976, 235 bis 249.

–: Zur buddhistischen Stabreimdichtung der alten Uiguren, AOH XXIX, 1985, 187–211. (Berliner Turfantexte 13).

–: Zur Erforschung der türkischen Turfantexte, in: Der Kemalismus und die moderne Türkei, Asia, Africa, Latin America, Special Issue 5, Berlin 1979, 88–101.

–: Religion und Gesellschaft im Uigurischen Königreich von Qočo. Kolophone und Stifter des alttürkischen buddhistischen Schrifttums aus Zentralasien, Opladen 1992.

Zieme, P. *siehe auch* Hazai.

# SACH- UND NAMENVERZEICHNIS


A-na-kuei 12
A-shih-na *(A-schi-na)* 30. 33. 81
Adamović 15
Agrarstaaten 7
Altai 18
Alttürkisch 67
An-lu-shan 96f.
Araber 91
Awaren 77

Balbal 48
Basmıl 95
Bayırku 41
Bazin, Louis 113
Beschbalık 103
Bilgä-Kağan 41ff. 47
-Inschrift 40
Bod *(Stamm)* 62
Bodun *(Stammesföderation)* 36. 62f.
Bögü Kağan 104
Brāhmī-Schrift 118
Buddhismus 2. 61. 82. 105
Bugut, Stele von 20. 22f. 52f. 56
Bumın Kağan 19. 25. 61
Byzanz 24ff.

Ch'ang-an *(chin. Hauptstadt)* 86. 96
Chao-Dynastie 10
Ch'in-Dynastie 6
Chinesen 6 *saepe*
Chotscho 87. 106f. 110
Clauson 14f. 72

Doerfer 14f.
Dschingis Khan 111
Dunhuang 106

Eberhard, Wolfram 6
Eltäriş *(türk. Herrscher)* 34. 37. 63f.

Franke, Otto 90

Gabain, A. von 108
Georgspassion 116
Goldglanzsutra 129
Grabstelen 45ff.
Grönbech 16

Han-Dynastie 10. 13
Herodot 5
Hīnayāna-Buddhismus 120
Hindukusch 3
Höhlenarchitektur 109
Hsieh-li *(türk. Herrscher)* 24. 83
Hsieh-yen-t'o 83f.
Hsien-pi 10
Hsüan-Tsang *(chin. Pilger)* 27ff. 124
Hsūan-tsung *(chin. Kaiser)* 94
Huang-ho 11. 86

Iştämi 19. 25
Inthronisation 56
Irk-bitik 55

Jenissei-Inschriften 70
Jinagupta *(buddh. Mönch)* 21
Jisl, R. 47
Juan-Juan 11f. 18

Kağan 64
Kam *(Schamane)* 56
Kan-chou 106f.
Kao-ch'ang *s. Chotscho*
Kao-che 11f.
Kapağan *(türk. Herrscher)* 38ff.

Kara-Kitaj 110f.
Karabalġasun 99
Karaschahr 103
Karluk 29. 112
Kaufverträge 114
Kimmerer 5
Kirgisen 46. 49. 88f.
Kitan 9. 20. 96
Kljaštornyj, S. 31. 39. 52
Kobrat *(bolgarischer Herrscher)* 77f.
Kotscho *s. Chotscho*
Köl-Tegin(-Inschrift) 19 *saepe*
Ku-tuo-lu *s. Kutluġ*
Kurden 17
Kutluġ *(türk. Herrscher)* 30
Kutscha 103

Laut, J. P. 120. 123
LeCoq, A. von 117
Lehnwörter aus dem Chinesischen 129
Liao-Dynastie 8
Liu *(Historiker)* 21
Lo-yang *(chin. Hauptstadt)* 91. 97f.

Mahāyāna-Buddhismus 123
Mahan-Tegin 20
Mahmud al-Kaschgari 16
Maitreya-Kult 120
Mani 100f. 125
Maniakh *(sogdischer Gesandter)* 26
Manichäismus 99ff.
Mänglig Kaġan 107
Mao-Tun *(Herrscher der Hsiung-nu)* 9
Mo-chi-lien *s. Bilgä-Kaġan*
Mo-yü *(uig. Herrscher)* 99
Monotheismus 56f. 59
Muhan Kaġan 19f.

Nestorianismus 104
Nivar Kaġan 22f. 53
Nu-shih-pi 29

Ögel 59
Oguren 75
Ogusen *(Oġuz)* 15. 34
On Ok 87
Onoguren 75
Orchon-Inschriften 19 *saepe*
Ordos-Region 10. 32
Ötükän 35
Oxus 18

Pamir 4
Parther 25
Persien 26
Piktogramm 72
Po-jun *(uig. Herrscher)* 88f.
P'u-nu *(Herrscher der Hsiung-nu)* 10
P'u-sa *(uig. Herrscher)* 82

Qočo *s. Chotscho*

Röhrborn, K. 125
Runeninschriften 45f.

Ṣad *(türk. Titel)* 31. 66
Saka 5
Sanskrit 126
Saraguren 75
Sassaniden 35ff.
Schamanismus 56f.
Schriftzeichen 69f.
Seidenstraße 25
Seßhaftwerdung 104
Sha-chou 106f.
Shan-yü *(Titel der Hsiung-nu)* 9f.
Shih Huang-ti 6
Shih-kuei *(türk. Herrscher)* 28
Sogder 26. 31ff. 39
Szu-ma Chien *(chin. Historiker)* 6. 9
Sui *(chin. Dynastie)* 22. 28. 33
Szu-ma Kuang *(chin. Historiker)* 89

Tabġač *s. T'o-pa*
T'ai-tsung *(chin. Kaiser)* 39. 83. 89
Takla-Makan-Wüste 4. 107
T'ang-Dynastie 12. 24. 30f. 83. 91

Tängri *(Himmelsgott)* 30. 34. 58ff.
Tanguten 111
Tardu 22. 27f.
Tarduş 81
Taspar-Kaġan = *T'a-po* 20f. 25
Tekin, Talat 15. 68
Thomsen, V. 69
Tibeter 30. 98. 102
Tibetisch 126f.
Tien-Shan 3f. 18. 25. 27
Titel 9
T'o-pa 11. 20f.
Tokuz Oġuz 82
Töliş 61
Tongra 89
Tonjukuk 30. 34f. 42f. 59. 63
Törü 16. 36
Totemismus 56f.
Totemtier 18
Totenbuch 122
T'ou-men *(Herrscher der Hsiung-nu)* 6. 9
Transoxanien 11
Tribute 37
Tryjaski 73
Tschuwaschisch 78
T'u-chüeh 12
T'u-lan *(türk. Herrscher)* 23
T'ung-shih-hu *(türk. Herrscher)* 28f.
Turfan 114
Türgäş 41
Türk 13 *saepe*
Türken 1 *saepe*
Türkütisch 68

Uiguren 49 *saepe*
Umay 58f.
Urkunden 114ff.
Utiguren 76

Valentinos 27

Wittfogel, K. A. 6
Wu-ti *(chin. Herrscher)* 10. 20

Yabġu *(alttürkischer Titel)* 22. 66
Yaġlakar 81. 94
Yogācāra-Schule 122
Yüeh-chih 9

Zemarkos *(griech. Gesandter)* 27
Zieme, P. 115